미술관에 간 **붓다**

미술관에 간 붓다

명법 지음

나무를 심는 사람들

폭 넓은
인문학적 소양으로 풀어낸
불교 미학

불교는 현대의 유수한 종교 가운데 가장 긴 역사를 가지고 있으며 동시에 수많은 문화적 콘텐츠를 가지고 있는 종교다. 과거의 오랜 역사를 통하여 시대와 지역에 따른 다양한 신앙 풍습이 만들어지고 이것이 인류의 생활에 지대한 영향을 끼쳐 왔다. 어느 종교를 막론하고 하나의 종교가 탄생하면 그 결과 종교 문화의 새로운 풍습이 만들어진다. 이러한 풍습을 통해 시대에 따른 사람들의 삶의 이면에 숨어 있는 사연들을 들여다볼 수 있다.

평소 수행에 매진하면서 교학 연구와 불교문화의 미학적 관점에 남다른 관심을 가지고 공부를 해온 명법 스님이 그간에 살펴본 여러 가지 사실들을 모아 책을 발간하게 되었다는 반가운 소식을 들었다. 원고를 읽어 보니 교리를 해설하거나 경전을 강설하고 선수행이나 명상을 다루는 일반 불교 서적에서는 볼 수 없는 특이한 내용이 알차게 수록되어 있다. 불교 전반에 걸친 문화사적 측면에서 관찰한 저자의 탁월한 식견이 독자로 하여금 불교에 대한 새로운 발견과 인식을 하게 하는 내용들이다. 불교에 대한 많은 지식을 갖고 있는 사람들조차 미처 생각해 보지 못한 점들을 저자 특유의 관찰로 명쾌하게 설명한다.

 불교의 〈반가사유상〉과 로댕의 〈생각하는 사람〉을 비교하면서 동서양의 사람 몸에 대한 미학적 언급을 하는 장면은 읽는 사람을 미소 짓게 한다. 〈삶과 죽음의 이중주〉란 제목에서는 "산 사람은 정화되고 죽은 자는 새롭게 태어난다"는 말이 독자들의 가슴에 닿아 공감을 자아내리라 생각한다.

 이 책은 현대인들에게 매우 유익한 교양서가 되기에 충분하다. 저자는 폭넓은 인문학적 소양을 바탕으로 불교예술에서 상징적으로 나타나는 여러 가지 의미들을 새롭게 들추어내어 잘 이해시키고 있다. 불상이나 그림, 심지어 사찰의 공간에 이르기까지 모두를 미학적 관점에서 풀어 설명하는 저자의 해박한 지식이 동서양의 문화를 교류, 소통시키는 역할을 하고 있다. 동양과 서양의 사상적 차이를 대비시키며 창의적으로 논급하는 여러 사례들이 독자들의 흥미를 돋우리라 본다.

 한 권의 양서는 만대의 지식의 보고가 되고 동시대 사람들의 마음에 큰 양식을 주며 나아가 심성을 맑게 해주는 청량제이다. 이 책이 불교계뿐만 아니라 많은 사람들에게 읽혀져 저자의 저술한 보람이 더욱 커지고 독자들의 독서 공덕이 더욱 높아지기를 바라며 이 책을 힘껏 추천하는 바이다.

2014년 6월 영축산에서
조계종 고시위원장 겸 승가대학원 원장 지안

이 것 은
예 술 입 니 까?

인도의 전설 중 호랑이 뼈로 호랑이를 만든 마술사가 그 호랑이에게 잡아먹힌 이야기가 있다. 그리스 신화에도 비슷하지만 조금 다른 이야기가 전해온다. 자기가 만든 조각상과 사랑에 빠지는 조각가 피그말리온의 이야기이다. 나르시스적 예술가의 원형인 피그말리온은 자신이 만든 이미지를 진짜라고 믿지 않으면 예술작품을 만들지 못하는 예술가의 의식세계를 대표한다. 그와 동시에 자신이 만든 환영에 먹힌 인도 마술사처럼 가짜 현실이 진짜 현실을 지배하기도 한다.

이미지와 실제, 가상과 진상이 역전되는 사태는 인도의 마술사와 피그말리온에게만 일어났던 것은 아니다. 사물의 이미지를 전유함으로써 그 사물의 힘을 가질 수 있다고 믿었던 토템과 터부도 마찬가지이다. 알타미라 동굴벽화 역시 어떤 사물의 이미지를 갖는 자가 그 사물을 지배하게 된다는 원시적 사고를 보여 준다. 특히 종교적 도상들은 실제적인 힘을 가지고 있다고 여겨졌다. 권력을 가진 자들은 거대한 석불을 조성하고 그들의 얼굴을 바위에 새겨 넣으면 붓다와 같은 위력을 얻게 된다고 믿었다.

반면, 힘없고 가난한 백성들은 막강한 권력을 자랑하던 지배층이 몰락하고 영화롭던 시절이 흐른 뒤, 폐허가 된 절터에 남겨진 석불이나 탑, 또는 바위에 새겨진 마애불을 믿고 의지하며 험한 세상을 살아갈 힘을 얻곤 했다. 가뭄이 들거나 질병이 생겼을 때 정성껏 석불에 제사를 지내면 재앙을 없애 주기도 하고, 때로 돌부처가 마을 노인의 꿈에 나타나 땅 속에 묻힌 자신을 일으켜 세워 주면 복을 주겠노라고 약속하기도 했다. 사찰 밖으로 나간 민불은 어려운 일이 있거나 기쁜 일이 있을 때 마을사람들의 마음을 하나로 모으는 상징적인 중심이었다.

특히 민중에게 인기 있었던 신앙의 대상은 미륵불과 관세음보살, 그리고 병을 고쳐 주는 약사여래였다. 통일신라시대 말기에 조성된 운문사 석조여래좌상은 겨우 알아볼 정도로 얼굴이 뭉그러져 있다. 아마도 역병을 물리치기 위해 밤늦게 몰래 찾아가 만지거나 아들을 낳지 못한 조선 아낙네들이 불상의 코를 갈아먹은 탓일 것이다. 그들은 순진하게도 불상을 한갓 돌에 새겨진 이미지라고 생각하지 않고 실제적인 힘을 가진 영험한 존재로 생각했다. 광배에 남아 있는 조각 솜씨로 미루어 보아 매우 뛰어난 작품으로 짐작되는데, 닳아 뭉그러진 그 얼굴을 보고 있으면 원래 모습이 무척 편안하고 자비로웠으리라는 생각이 든다. 그토록 소박하고 자비로운 불상이었기에 사람들이 아무 두려움 없이 코를 갈아먹을 수 있었던 것이 아닐까?

화순 대리에 있는 석불입상은 소박하다 못해 자연으로 돌아간 듯 전혀 꾸밈이 없다. 멀리서 보면 돌덩이 하나가 우뚝 서 있는 것 같지만 가까이 다가가면 그 고장에서 태어나서 줄곧 그곳에서 살아온 소박한 촌로와 같은 석불을 만날 수 있다. 마을을 지키는 당산나무와 함께 들녘 한복판에 자리 잡은 민불은 농사를 짓다 새참을 먹으러 가거나, 더운 여름 그늘을 찾아 갈 때면 언제든지 쉼터를 내주며 천진한 미소로 반겨 준다. 그것이 관세음보살이면 어떻고 미륵불이면 어떠랴. 마을사람들에겐 그곳에서 그들을 지켜 주고 있다는 사실만으로 든든하고 행복하지 않았을까? 그들에게 불상은 붓다의 이미지가 아니라 살아 있는, 그래서 따뜻하게 그들의 마음을 받아 주고 이야기를 들어주는 진짜 붓다가 아니었을까?

가상과 진상의 경계를 뒤섞어 버린 그들을 어리석다고 비웃지만 현대인들 역시 대중음악, 영화, 텔레비전 드라마, 컴퓨터 게임 등 또 다른 이미지로 스스로 속이며 살고 있다. 현대인들은 예전에 비해 더욱 현란하고 혼란스러운 이미지들에 매달려 한 걸음도 밖으로 나가지 못할 뿐 아니라 삶의 현실적 요구를 뛰어넘어 다른 차원으로의 비상을 꿈꾸지도 못한다. 그들은 시적 상상력을 잃어버리고 날로 정교해지는 후기자본주의의 이미지 조작에 자신을 내맡긴 채 시시각각 변하는 이미지들 속에서 감각의 황폐화를 경험하고 있다. 자신이 만든 환영에 먹혀 버린 자는 인도의 마술사가 아니라 현대인들 자신이다.

이 시대에 혹사당하는 감각을 구제하기 위하여 다시 한 번 감각을 넘어가지 않으면 안 된다. 하지만 종교마저 세속화된 오늘날 불교 상징물들이 가졌던 본래의 의미를 복원하는 일은 불가능할 뿐 아니라 어쩌면 바람직하지 않은 일인지도 모른다. 돌부처의 코를 갈아먹는 순진함을 잃어버린 현대인들에게 그 이미지의 종교적 의미를 설명해 주는 것은 어떤 감동도 불러일으키지 못한다. 그럼에도 여전히 이미지의 유혹을 떨치지 못하는 현대인들에게 상상력을 폐기하고 엄격하게 이성적이고 과학적인 태도를 유지하는 것 역시 매력적이지 않다. 땅에 넘어진 자는 땅을 짚고 일어나야 하듯이 이 시대의 구원은 감성적인 것으로부터 모색되어야 하지 않을까?

미학은 서양 근대의 도구적 합리주의에 대한 대안으로서 출발했다. 미학이라는 근대적 학문이 만인대만인의 투쟁으로 와해되어 버린 현대사회의 도덕적 기초를 제공하고 공동체를 형성하는 진실한 감정을 기를 수 있다면, 바로 그 근거는 사적 이익과 무관하게 사물을 바라보는 감성적인 경험, 미학자들이 '무관심성'이라고 특징지은 감성적인 경험에 있다.

사물을 소유와 무관하게 바라보는 것은 이미 그 자체로 삶을 변화시킨다. 불교는 실재를 이미지로 대체하거나 이미지 너머의 초월적 실재를 주장하지 않는다. 불교는 이미지로 이루어진 세상에 대하여 단지 이미지로서 바라보기를 요구한다. 그런 점에서 선적인 관조는 미적 태도의 특징으로 일컬어지는 '무관심적 관조'와 유사하다.

불교예술 역시 붓다의 몸과 그의 세계에 대한 이미지를 제시한다. 그러나 불교예술의 이미지는 천 개의 강에 비친 달의 그림자이다. 그렇다고 달 그림자의 아름다움을 말하는 것이 부질없는 짓은 아니다. 왜냐하면 천 개의 강에 비친 달그림자는 하늘에 뜬 달과 함께 달의 진실한 모습이기 때문이다. 그것은 궁극적인 깨달음이 삶 저 너머에 있는 것이 아니라 바로 이 곳에 존재함을 알리는 하나의 은유이다. 하지만 그것을 가장 확고하고 진실한 것이라고 고집한다면, 저 인도의 마술사처럼 자기가 만든 호랑이에게 잡아먹히고 달을 따라 간 이백처럼 동정호에 빠지고 말리라. 피그말리온이 사랑한 조각상을 사람으로 만들어 줄 신은 죽어 버렸으니까.

현대사회에서 종교는 과거의 막강한 힘을 잃었지만, 종교의 가치는 사라지지 않았다. 그러므로 종교적 가치를 감성적인 형식으로 전하는 종교예술은 그 어느 때보다 절실하게 요청된다. 들뢰즈가 말했듯이 "(예술작품이라는) 하나의 기념비는 과거에 일어났던 어떤 일을 기념하거나 환영하는 것이 아니라, 그 사건을 내포하고 있는 지속적인 감각들을 미래의 귀에 위임하는 것"이다. 불교예술은 인간의 삶을 한 걸음 떨어져서 관조하게 함으로써 생성되고 소멸되는 현상들을 때로는 해학적으로 때로는 진지하게 바라보게 한다. 살아 있는 전통으로서 불교 상징물이 새롭게 해석되고 경험됨으로써 현대사회가 잃어버린 감성적 경험이 복구될 뿐만 아니라 세계에 대한 새로운 전망도 가능해질 것이다.

이 책에서 나는 그저 생활 속에서 자연스럽게 접했던 불교예술에 대한 나의 경험을 그야말로 자유롭게 유희를 하듯 산책을 하듯 기술했다. 그 속에 미학적 훈련을 받고 수행자로서 사는 사람이 있을 뿐이다.

절집에서 생활하며 자연스럽게 만나게 되는 불교 상징물들은 나에게는 날마다 예경을 올리며 내 삶의 의미를 찾는 살아 있는 전통이다. 그것들을 대할 때 나는 어떤 전문가적인 자세도 취하지 않는다. 그것의 연대나 양식 같은 미술사적 지식은 물론이고 미학적인 관점이나 불교학적인 지식도 모두 내려놓는다. 모든 것을 내려놓고 오로지 그 상징물들이 불러일으키는 느낌에만 집중한다. 그야말로 아무 전제를 두지 않고 '무관심적'으로 바라보려고 노력한다. 그 학문들을 무시해서가 아니라 학자이기 이전에 수행자이고 무엇보다 한 인간이기 때문이다. 나에게 불교 상징물들은 여전히 살아 있고, 느껴지고, 말을 건네 오는 어떤 것이다. 그런 의미에서 그것은 예술작품이며 종교 상징물이다.

이 책은 불교예술을 통해 본 미학을 정리한 것으로 나 자신이 이해하고 공감했던 구체적인 내용을 전하고자 노력했다. 미학이나 불교에 대한 전문적인 지식이 없는 일반 독자들도 쉽게 이해할 수 있도록 가급적이면 추상적인 불교교리는 덜어 내고 대중의 눈높이에 다가가려고 노력했다. 개인적으로 불교 수행이 예술작품을 더 깊이 이해하게 하고 미학적 훈련이 불교를 새롭게 바라보게 해주었던 것처럼 독자들에게도 그런 계기가 되기를 희망한다.

학제 간 연구를 장려한다고 말하면서도 기존의 학문 체계를 굳게 고수하는 한국 학계의 현실에서 불교와 미학, 전통과 현대, 이론과 실천을 포괄하는 공부를 하는 일은 쉽지만은 않았다. 그 모든 것에 대한 호기심을 접을 수도 없었지만 무엇 하나 제대로 하지 못하는 것이 아닐까 하는 회의도 많았다. 그럼에도 불구하고 삶과 학문을 포괄적으로 접근하고 현실의 삶에서 벗어나지 않을 수 있었던 것은 불교와 미학을 공부한 덕분이다. 그런 점에서 나는 그 누구보다 복 받은 사람임에 틀림없다. 또한 쉽게 덮어 두지 않고 끝까지 남겨 두었던 의문들이 이제야 조금씩 이해되고 있으니, 먼 길을 돌아온 것에 대한 보답을 스스로 받고 있는 셈이다.

우연한 기회에 최정희 현대불교신문 이사의 권유로 시작한 〈불교와 미학〉 연재가 계기가 되어 오랫동안 머릿속에 있었던 생각들이 글이 되었다. 이 책으로 불교와 미학에 대한 낯설음을 조금이나마 덜 수 있다면 세간과

출세간을 잇는 다리가 되겠다는 나의 서원도 조금은 이루어진 것이리라.

신문지면을 내어 준 현대불교신문의 최정희 이사와 늘 마감시간에 촉박하여 글을 넘겨 고생시킨 신중일 기자에게 감사를 드린다. 이 책의 내용은 BTN 〈불교미학산책〉에서도 방영되었는데, 매번 방송 시간에 임박하여 토끼눈을 하고 달려간 나를 데리고 열심히 프로그램을 만들어 준 서승열 피디와 관계자들에게 감사드린다. 그리고 어려운 출판시장에도 불구하고 이 책의 출판을 맡아 준 나무를 심는 사람들 이수미 대표에게 감사드린다.

지난 몇 년간 홍대 대학원에서 내 강의를 들었던 사진작가 홍상현 씨가 자기 일처럼 사진 작업을 해주었다. 정성들여 꼼꼼하게 찍은 사진 덕분에 이 책이 훨씬 빛나게 되었다. 문화재 보수공사 중이라 제대로 찍을 수 없었던 서산 마애삼존불 도판과 연꽃 사진은 강진형 씨의 도움으로 해결되었다. 그 밖에 사진 촬영에 협조해 준 해인사박물관, 직지사박물관, 거조암, 봉정사, 부석사, 불국사, 상원사, 선암사, 송광사, 운문사, 통도사, 흥국사 관계자들과 여수 석천사 진옥 스님, 미황사 금강 스님, 기림사 주지스님, 해인사 원철 스님, 희랑대 경성 스님, 국일암 지은 스님, 종무관 이병두 씨, 사진파일을 제공해 준 남장사, 선암사, 운문사, 홍천사, 국립중앙박물관, 문화재청 관계자에게 감사를 드린다.

늘 격려해 주시는 조계종 고시위원장 지안 스님과 운문사 회주 명성 스님께서 추천사를 써주셨다. 두 분께 깊이 감사드린다. 사진 촬영에 도움을 준 유영희 씨, 그리고 어려운 기간, 연구를 계속할 수 있도록 지원해 준 무빙템플 회원들에게도 감사를 드린다.

작은 책이지만 참 많은 사람들에게 빚지고 있다. 인연으로 이루어진 세상, 무엇 하나 혼자 힘으로 이루어지는 일이 없는 것 같다. 나이가 들어서야 겨우 공의 이치를 터득해 가고 있다. 다함없는 진리로 일깨워 주시는 우리 부처님과 수많은 선지식에게 머리 조아려 감사의 예를 올리며 평생의 친구 승숙과 사랑스런 지안에게 이 책을 바친다.

2014년 6월 7일
관악에서 명법 삼가 씀

◆ 책 제목은 「 」, 글 제목, 개별 회화, 조각 등은 〈 〉로 표시했다.

차례

1 —

미소에 이끌리다

붓다의
미소

릴케의 붓다

1902년 한여름 청년 릴케는 로댕에 관한 논문 집필을 의뢰받고 파리에 도착한다. 로댕의 비서로 일하면서 그에게서 사물을 깊이 관찰하고 규명하는 법을 배운다. 로댕의 정원에서 릴케는 특이한 조각품 하나를 만난다. 바로 불상이다.

불교에 대한 릴케의 생각이 어땠는지 알 수 없지만, 그는 원래의 종교적

◀ 화순대리석불입상, 일명 벽라리민불 ─ 넓적한 코, 해맑은 눈망울의 석불입상은 소박하다 못해 자연으로 돌아간 촌로의 미소를 떠고 있다. 마을을 지키는 성황나무와 함께 들녘 한복판에 자리 잡은 석불은 농사를 짓다 새참을 먹거나 더위를 피해 찾아가면 언제든지 쉼터를 내주며 환한 미소로 반겨 준다. 사찰 불상과 구별하여 흔히 민불이라고 부른다.

맥락에서 분리되어 조각가의 정원에 하나의 조각 작품으로 놓인 불상에서
어렴풋이 남아 있는 초월적 성스러움을 이렇게 읽어 낸다.

붓다

멀리서 이미 이방의 겁먹은 순례자는
그에게서 금빛이 방울져 떨어지는 것을 느낀다.
마치 회심에 찬 부자들이
은밀한 것을 쌓아 올린 것처럼.

그러나 가까이 다가갈수록
고상한 그의 눈썹에 마음이 혼란스러워진다.
그것은 부자들의 술잔도
여인들의 귀걸이도 아니기에.

그 누가 말해 줄 수 있으랴,
얼마나 많은 것을 녹여
꽃받침 위에 앉은 이 형상을 만들었는지.

황금빛 형상보다 더 고요하고
더 차분한 누런빛으로
자신을 쓰다듬듯

주위 공간을 어루만지는 이 형상을.

화려하게 금으로 도금된 불상은 이방의 시인에겐 낯설고 두려운 대상이다. 언뜻 부자나 여인네의 천박한 장신구처럼 보이지만 가까이 다가감에 따라 그 고상한 눈썹에 매료당하고 만다.

시인은 묻는다. 이 불상에 무엇이 녹아들어 있는지. 묵묵하고 차분한 빛으로 주위 공간을 어루만지는 이 고귀한 형상은 무엇으로 만들어졌는지. 비단 물질을 묻는 것은 아니리라. 그에게는 불상이 예경의 대상이 아니지만 그 속에서 다른 예술 작품에서 볼 수 없는, 찬연하게 빛나는 그 무엇을 보았던 것이다. 그는 무엇을 보았을까?

고통의 종교, 그리고 미소

불교는 고통의 종교로 서양에 소개되었다. 불교는 고통을 삶의 심오한 진실로 인정한다. 고통을 외면하지 말고 바라보라고 한다. 하지만 고통을 직시하는 일은 그 자체로 고통스러운 일이어서 도망치거나 합리화하며 거기에 머물기 십상이다. 턱낮한 스님이 다독여주듯이 고통을 받아들이고 깊이 들여다봄으로써 마음의 상처는 물론 이 세상의 상처도 치료할 수 있기 때문에 불교는 고통에 대한 진정한 성찰을 요구한다. 그러므로 고통을 묵살해서도 안 되지만 고통에 매몰되어 삶의 경이로움을 즐기는 것을 잊어서도 안 된다.

불교 수행에서 '자리이타自利利他'는 가장 중요한 덕목으로 꼽힌다. 남을 위해 나를 희생하는 것이 바람직하지 않다는 이야기가 아니라, 아무리 좋은 일이라도 의무적으로 한다면 그래서 행복하지 않다면 올바른 수행이 아니라는 이야기이다. 그렇다고 고통을 외면하라는 이야기는 더더욱 아니다.

그러므로 자비의 화신인 대승보살은 끝없는 이타행을 실천하면서도 마음에 고통을 느끼는 일이 없다. 『금강경』에서 말하듯이 온몸이 갈기갈기 찢겨도 무아無我와 연기緣起의 이치를 깊이 자각하는 보살의 마음은 고요하고 평화롭기 그지없다. 고요한 마음의 행복, 그러므로 불교 수행자는 행복한 사람이다. 나의 행복으로 다른 사람이 행복해지고 다른 사람의 행복으로 나도 행복해지는 그런 사람이다.

그렇다면 붓다의 즐거움, 붓다의 행복은 어떻게 표현될 수 있을까? 우리에겐 고타마 싯다르타의 사진도 없고, 초상화도 없다. 그러므로 인간은 물론이고 신들조차 뛰어넘는 이 위대한 존재의 비범한 특성을 인간의 모습으로 형상화하는 것은 불가능에 가깝다.

불상에서 흔히 보는 머리 위에 불쑥 솟은 육계肉髻와 미간의 백호白毫, 온몸을 감싸는 후광, 발에 새겨진 만卍자 무늬, 젊은이의 용모 등 붓다만이 갖는 신체적 특징을 32상相 80종호種好라고 한다. 이는 붓다의 위대성을 나타내는 징표이지만 붓다의 탁월함을 감성적으로 이해하기에 충분하지 않다. 더구나 이 위대한 존재의 초월적이고 정신적인 특징은 몇 가지 신체적인 특징으로 표시하기에는 너무 고상하고 탁월하지 않은가!

붓다의 정신적 고결함을 한 눈에 알아보게 하려면 어떻게 해야 할까? 레오나르도 다 빈치가 〈최후의 만찬〉을 그릴 때 세상에서 가장 선한 존재인 예수와 가장 악한 존재인 유다를 그리기 위해 마지막까지 고심했다고 한다. 불상을 만든 장인들에게도 붓다의 정신성을 표현하는 일은 벅찬 과제였을 것이다. 그들 역시 자신의 상상력과 종교적 감성을 총동원하여 이 위대한 존재의 정신적 깊이를 이해하려고 고심했겠지만, 다 빈치처럼 시체 해부를 감행하거나 자연을 측정하고 계산하기보다 자신의 종교적 체험 속으로 들어가 가장 깊은 정신적 상태를 보여 주는 모습을 찾아냈다.

그 간절한 그리움과 깊은 종교적 체험 속에서 불교예술이 발견한 것이 미소이다. 놀랍게도 고통을 인간의 보편적인 조건이라고 설파하는 종교가 고통이 아닌 미소에서 자신의 상징을 찾은 것이다. 영원히 고통에서 벗어난 자, 열반涅槃의 즐거움을 누리는 자라면 가질 법한 적정삼매寂定三昧의 고요한 미소를!

미소야말로 고통에 찌든 보통 사람과 붓다의 경계를 나누는 가장 확실하고 뚜렷한 표지이므로 붓다의 지혜와 자비, 그 감화와 구제의 힘도 가장 구체적이고 직관적인 표현인 미소로 표현되었다. 그리하여 '적멸寂滅의 즐거움', 곧 미소는 불상의 트레이드마크가 되었다.

종교의 정신과 이념은 그 종교의 상징적 조형물을 통해 잘 구현된다. 지옥도나 아귀도처럼 끔찍한 장면을 묘사한 것도 있지만, 대부분의 불교예술 작품은 평화롭기 그지없다. 혹독한 수행을 나타내는 앙상한 몰골의 고행상조차 얼굴에는 미소를 잃지 않는다. 불교는 인간의 보편적인 조건으로서의 고통이든, 그것을 극복하기 위한 수행으로서의 고행이든, 고통을 붓다를 붓다답게 만드는 자질로 보지 않는다. 오히려 수행 과정에서 겪은 고통보다 깨달음을 향한 노력을 강조한다. 불상은 오직 고통의 해소에서 오는 즐거움과 행복을 표현한다.

▶ **서산마애삼존불** ─ 가장 사랑스럽고 가장 행복한 미소를 보여 주는 불상 중 하나이다. 온화하고 부드러우면서도 내면적 힘이 잘 조화되어 있으며, 백제인의 미적 탁월성과 창조성을 한껏 펼치고 있다. U자형의 옷 주름과 정면으로 드러나 있는 발가락이 인상적이다. 27쪽 강진형 사진 제공.

백제의 미소 〈서산마애삼존불〉

'백제의 미소'라고 일컬어지는 국보 제84호 〈서산 용현리 마애여래삼존상〉의 미소는 불상에 새겨진 미소 중 가장 사랑스럽고 가장 행복한 미소이다. 삼존불이 사이좋게 나란히 서서 해맑게 미소 짓는 모습을 보면 나도 모르게 빙그레 미소 짓게 된다.

백제인의 얼굴을 닮은 낮고 펑퍼짐한 코, 작은 입과 눈, 둥글고 복스러운 얼굴을 보면 붓다는 거룩하고 초월적인 존재가 아니라 따뜻하고 심성 고운 우리네 이웃처럼 보인다. 가운데 본존불의 해맑은 눈동자는 그가 얼마나 밝고 따뜻하고 개방적인지 느끼게 한다. 사진의 오른쪽에 명상에 잠긴 반가사유상마저 개구쟁이 같은 눈웃음을 짓고 있고 왼쪽에 보주寶珠를 받

들고 있는 보살상은 실눈을 하고서 얼굴 가득 함박웃음을 짓고 있다. 부드럽고 유연한 손은 피가 통하는 듯 사실적이면서도 편안하고 여유롭다. 눈가에 번지는 미소와 보조개까지 들어간 포동포동한 뺨, 밝고 쾌활한 그 모습은 그저 바라보기만 해도 행복하다.

섬세하고 유려한 곡선과 전체를 조화시키는 구성 등 〈서산마애삼존불〉은 조각적으로 결코 중국에 뒤지지 않는 세련된 기교를 선보이면서도 소박한 아름다움을 잃지 않는다. 6세기 말에서 7세기 무렵에 조성되었을 것으로 추정되는 〈서산마애삼존불〉은 온화하고 부드러우면서도 내면적 힘이 잘 조화된 불상으로, 도상학적으로 남북조시기와 수대 중국 불상의 모티브를 차용하면서도 백제인의 미적인 탁월성과 창조성을 한껏 펼치고 있다.

〈서산마애삼존불〉을 바라볼 때마다 당시 백제인들이 삶을 얼마나 경이롭게 바라보았을지, 세상을 얼마나 긍정적으로 받아들였을지 상상하며 감탄을 금치 못한다. 〈서산마애삼존불〉은 당시 동아시아의 중심국으로 발돋움하려는 백제의 문화적 역량과 자신감, 그리고 개방적이고 진취적인 기상을 보여 준다. 그 밝고 맑은 기운이 전해져서 참배하고 돌아가는 길에 누구를 만나도 스스럼없이 미소 짓게 된다. 이만큼 전염력이 강한 미소가 있을까? 그야말로 자리이타의 미소가 아닌가.

우리 시대 붓다의 얼굴은?

세상에는 아름다운 불상도 많고 거룩한 불상도 많고 거대한 불상도 많다.

특별한 종교적 경험을 불러일으키는 불상도 있고, 바라보기만 해도 신심이 저절로 우러나오는 불상이 있으며, 오래 보아야 아름다운 불상도 있다. 각각의 불상은 저마다 아름다움을 간직하고 있다.

그러나 불상의 미적인 아름다움은 진정한 종교적 체험에 대해 부차적일 뿐이다. 불상이 아름다운가, 그렇지 못한가는 불상을 향해 예경을 하는 불자들의 마음에 조금도 영향을 주지 못한다. 거대하기만 하고 조잡하기 이를 데 없는 불상 앞에서도 주저 없이 몸을 낮추어 오체투지를 할 수 있으니 말이다. 『금강경』에서도 색이나 음성으로 붓다를 구하지 말라고 했으니 종교적 감성을 깊게 하는 불상이라면 좋은 종교예술 작품이라고 할 수 있다.

대부분의 불자들은 자신이 다니는 절에 있는 불상에 대해 특별한 감정을 느낀다. 나 역시 예외가 아니다. 나의 출가 본사에는 작은 인법당에 어울리는 자그마한 불상이 있다. 처음 그 불상을 보았을 때 나는 불경스럽게도 대학 동창생의 여동생 얼굴을 떠올렸다. 참한 조선미인인 그는 쌍꺼풀이 없는 눈에 선이 고운 눈썹을 가지고 있었는데, 불상의 얼굴에도 그렇게 가늘고 긴 눈썹이 그려져 있었다.

행자 시절, 탁자 밑에서 무릎 꿇고 예불 드리기를 기다릴 때면 가만히 고개를 들어 그 모습을 올려다보곤 했다. 그 깊은 눈매 속에서 조용히 빛나는 적멸의 세계는 그저 바라보는 것만으로도 마음이 고요해졌다. 그 시간이 있었기에 어려운 행자 시절도 견딜 수 있었다.

그런데 아쉽게도 지금은 그 모습을 볼 수가 없다. 십여 년 전 불상을 다시 칠하는 과정에서 눈썹을 동그랗게 고쳐 그리는 바람에 그 곱고 깊은 눈매를 볼 수 없게 되었다. 불상이 원래 가지고 있던 맑고 단정한 기운이 사라진 것은 아니지만 왠지 모르게 요란스러워졌다. 작은 변화지만 불상의 느낌이 사뭇 다르다. 겉으로 드러난 아름다움에 마음을 빼앗겨 불상에 깃든 진정한 아름다움을 망쳐 버린 것 같아 못내 씁쓸하다.

이 시대는 우리 조상들이 도달한 정신적 경지와 미적 감수성을 이해하기에는 너무 천박한 것일까? 우리 시대의 불상은 어떤 얼굴을 하고 있을까? 어쩌면 불상의 얼굴보다 수행자들의 얼굴이 더 중요하지 않을까? 대웅전에 있는 불상이 그 절 스님들의 얼굴을 닮는다는 이야기가 있듯이, 이 시대의 불상은 이 시대 수행자의 얼굴을 닮을 테니 말이다.

이 시대 수행자들은 어떤 얼굴을 하고 있는가? 우리 시대의 붓다는 어떤 모습으로 나타날까? 눈에 보이는 형상에 갇혀서 붓다를 만나도 붓다를 알아보지 못하게 되지는 않을까? 형상과 형상 없음 사이에 있는 참된 붓다를 만나려면, 형상에도 속아 넘어가지 않고 관념에도 속아 넘어가지 않도록 조심할 일이다.

〈반가사유상〉과 로댕의 〈생각하는 사람〉

근대적 몸 〈생각하는 사람〉

우주에서 가장 연약한 존재인 인간이 전 우주를 능가하는 존귀한 존재가 될 수 있는 것은 파스칼이 지적한 것처럼 '생각하는 능력' 때문일지도 모른다. 인간은 생각을 통해 자신을 보호하는 무기를 만들고 자신에게 먹을 것과 입을 것을 주는 연장을 개발했다. 그 덕분에 인류는 찬란한 문명을 건설했으며 이제 인류 문명은 인간의 생각하는 능력을 복제한 인공지능을 개발하기에 이르렀다.

사유는 인간의 고유한 능력이기 때문에 생각하는 자세 또한 인간만이 취할 수 있다. 서양미술에서 생각하는 모습을 형상화한 예술 작품이 등장한

것은 조각의 역사가 시작되고도 한참이 흐른 뒤였다. 이탈리아 산 로렌초 교회 내부에 있는 메디치 무덤에 조각된 미켈란젤로의 〈생각하는 사람〉과 그의 불후의 역작 시스티나 성당 천장벽화 중 〈예레미야〉가 최초의 작품이다. 그리고 수세기가 흐른 뒤, 19세기에 이르러 미켈란젤로의 조각에 크게 영향을 받은 로댕이 그 뒤를 이었다.

로댕의 조각 〈생각하는 사람〉은 원래 파리장식미술관에 전시될 기념문으로 계획되었던 〈지옥의 문〉의 한 부분이었다. 이탈리아의 위대한 시인 단테의 『신곡』에서 주제를 따온 〈지옥의 문〉은 르네상스 시대 조각가 기베르티의 조각 〈천국의 문〉에서 영감을 받았다. 로댕은 야심차게 이 작품을 추진했으나 끝내 완성을 보지 못했다. 결국 〈생각하는 사람〉은 1880년 독립적인 청동조각상으로 먼저 제작되었는데, 후에 자신의 무덤에 놓을 정도로 로댕이 혼신의 힘을 쏟아 부은 작품이다. 최초에 붙여진 〈시인〉이라는 제목을 통해 알 수 있듯이 〈생각하는 사람〉은 단테의 형상인 동시에 로댕 자신의 자아를 형상화한 것으로 알려져 있다.

가슴을 앞으로 내밀고 왼손을 왼편 무릎에 얹고 오른 팔꿈치를 왼편 다리에 받치면서 턱을 괴고 있는 이 조각상은 일반적으로 턱을 괸 자세와 달리 안정적이지 않다. 긴장한 채 앉아 있지만 그 어떤 자세보다 강한 움직임을 가지고 있으며 경직된 근육 위로 드러난 힘줄, 잔뜩 힘을 주어 움츠러든 발끝, 과장된 손동작, 의도적으로 비틀어진 자세는 직설적으로 그의

◀ **금동미륵보살반가사유상** — 국보 83호. 동양적인 얼굴에 위로 살짝 치켜 올라간 두 눈을 반쯤 감고 입가에 미소를 머금고 있다. 의자에 앉아 무언가를 생각하는 듯하지만 턱을 괸 손가락마저도 부드럽고 편안하다. 그는 무엇을 사유하는가? 국립중앙박물관 사진 제공.

생각하는 사람 — 벌거벗은 채 바위에 앉아 두 발을 모으고 주먹을 입가에 댄 채 무엇을 생각하고 있을까? 인체의 비율을 중시했던 고대 그리스 조각상과 달리 상대적으로 큰 상체로 인해 보는 이로 하여금 그의 고뇌를 더욱 깊게 느끼게 한다.

고뇌를 말하고 있다. 미술사학자 엘센^{Albert E. Elsen}의 말처럼 〈생각하는 사람〉은 "머리나 찌푸린 이마, 커진 콧구멍, 꽉 다문 입으로 생각하는 것이 아니라 모든 팔다리 근육과 등, 단단히 쥔 주먹과 긴장된 발가락으로 생각하고" 있다. 그렇다면 그는 무엇을 그처럼 고통스럽게 생각하는가?

"이곳에 들어오는 자는 모든 희망을 버릴지어다." 『신곡』「지옥편」

지옥에 막 도착한 단테는 자신의 발아래 펼쳐진 구원받을 수 없는 지옥을 응시하고 있다. 그는 지옥불이 타오르는 압도적인 장관 앞에 몸을 떨며 어둠 속에서 영원히 고통 받는 영혼들의 몸부림과 절규를 바라본다. 그는 단순히 지옥을 바라보는 자가 아니다. 〈지옥의 문〉 윗부분에서 아래의 군상을 내려다보고 있는 그는 시인이며 창조자이다. 로댕은 그의 작품 구상을 이렇게 기록하고 있다.

"단테는 문 앞의 바위에 앉아 시를 구상하고 있다. 모든 것으로부터 분리된 긴 코트를 걸친 마르고 금욕적인 단테는 의미가 없었다. 나는 첫 번째 인상에 따라 〈생각하는 사람〉을 고안했다. 벌거벗은 채 바위에 앉아 두 발을 모으고 주먹을 입가에 댄 채 그는 꿈을 꾼다. 풍부한 구상이 점차 그의 머릿속에서 더욱더 빛을 발하며 이제 더 이상 그는 몽상가가 아니라 창조자가 되는 것이다."

이상적인 인간을 표현하기 위해 개별적인 인간의 특징에 무관심했던 그리스 조각과 달리 로댕의 조각은 개인의 내면적인 고뇌를 표현한다. 〈생각하는 사람〉은 보들레르가 말한 '악의 꽃'처럼 타락해 버린 현대사회에서 개인이 느끼는 참혹하고 엄숙한 내면세계를 묘사하고 있다. 그러므로 그의 고뇌는 중세인의 종교적인 고뇌가 아니라 근대인의 고뇌이다.

데카르트의 철학에 의해 자연의 지배자이자 소유자로 승격된 근대적 주체에게 생각함이란 세계를 자기의 방식으로 전유하고 지배하는 행위이다. 그에게 생각함이란 외부의 세계를 객관적으로 인식하는 것이 아니라 무언가를 만드는 행위이다. 〈생각하는 사람〉은 지옥 바깥에서 지옥을 응시하는 자로서, 근육질의 단단한 몸은 철학자 김형효의 말처럼 "지옥 같은 세상을 혁파하려는 선의지를 상징"한다.

하지만 그것이 비록 도덕적 의지라고 하더라도 결국 자기 외부의 모든 것을 대상으로 움켜쥐려는 것이며 따라서 궁극적으로 실현될 수 없는 것을 꿈꾸는 비극적인 힘이다. 르네상스인 미켈란젤로가 '영혼의 감옥'인 물질로부터 순수한 영혼을 끄집어내려고 했다면, 근대인 로댕은 도덕적 의지를 청동의 몸에 각인시키고자 한다. 푸코의 주장처럼 근대적 사유는 일종의 권력이다. 그것은 몸과 세계를 소유하고 지배하는 힘이다. 근대인에게 몸은 정신을 위한 수단에 불과하다. 몸에 대한 서양 근대의 사유는 근본적으로 도구적 합리주의에서 벗어나지 않는다. 이상적인 인체의 아름다움에 열광했던 서양 예술이 오히려 몸에 대해 무지했던 사실은 이성적 사유가 얼마나 몸에 대해 폭력적인지를 잘 보여 준다.

〈반가사유상〉의 몸

〈반가사유상〉은 〈생각하는 사람〉과 자세도 비슷하고 이름도 유사해서 종종 비교되곤 하는데, 이처럼 동양과 서양의 차이를 극명하게 보여 주는 예도 흔치 않다. 국립중앙박물관에 소장되어 있는 국보 제78호 〈금동미륵보살반가사유상〉과 청동으로 제작된 국보 제83호 〈금동미륵보살반가사유상〉은 세부 묘사에 약간의 차이가 있지만, 의자에 앉은 자세에서 왼쪽 무릎 위에 오른쪽 다리를 걸치고 오른 손가락을 얼굴에 살짝 대고 고개를 기울이고 있다. 일반적으로 〈반가상半跏像〉이라고 부르지만 이 조각상들이 취한 자세는 반가부좌가 아니라 느슨하게 다리를 얹은 유희좌이다.

동양적인 얼굴에 위로 살짝 치켜 올라간 눈, 두 눈을 반쯤 감고 입가에 미소를 머금은 이 보살상은 로댕의 〈생각하는 사람〉과 같은 고뇌하는 표정도 없고 뒤틀린 자세도 없다. 그는 의자에 앉아 무언가를 생각하는 듯하지만 편안하고 부드럽다. 근육질이 조금도 없는 마르고 유연한 몸통과 자연스럽게 이어지는 팔의 우아한 곡선에는 그 어떤 긴장의 흔적도 찾아

금동미륵보살반가사유상 제78호(좌) 제83호(우) — 로댕의 〈생각하는 사람〉과 같은 고뇌하는 표정도 없고 뒤틀린 자세도 없다. 근육질이 조금도 없는 마르고 유연한 몸통과 자연스럽게 이어지는 팔의 우아한 곡선에는 그 어떤 긴장의 흔적도 찾아볼 수 없다. 국립중앙박물관 사진 제공.

볼 수 없다. 턱을 괸 손가락마저도 부드럽고 편안하다. 그는 무엇을 사유하는가?

현재 학계에는 사유상의 주인공이 미래불인 미륵보살이라는 주장과 태자 시절의 석가모니불이라는 두 가지 주장이 있다. 어느 주장이 옳은지 더 많은 연구가 진행되어야 하겠지만 〈반가사유상〉의 미학적 의미를 설명하는 데에는 큰 차이가 없다. 왜냐하면 불상 조각의 사상적·미학적 근거는 모두 붓다가 깨달은 법에 있기 때문이다.

'나'를 비운 몸

붓다의 깨달음을 이해하고자 할 때 석가모니불의 태자 시절 선정禪定 경험은 매우 중요하다. 팔 년간의 극한의 고행으로도 깨달음을 얻지 못하자 붓다는 수자타 여인이 준 우유죽을 먹고 보리수 아래에서 수행을 시작한다. 이때 붓다는 바로 태자 시절의 선정을 기억한다.

한 해 농사의 시작을 알리는 농경제에 참석했을 때 예민하고 사려 깊은 태자는 우연히 보습에 걸려 죽어가는 벌레를 보게 된다. 그는 벌레의 죽음을 목격하고 깊은 충격을 받아 생성과 소멸, 삶의 근본 원리를 사유했다. 그가 사유한 것은 〈생각하는 사람〉과 마찬가지로 삶과 죽음의 문제인데, 웬일인지 태자는 고통스러워하기는커녕 알 듯 모를 듯한 미소를 짓고 있다.

태자는 덧없이 죽어가는 벌레를 보며 자신의 고통인 양 아파했다. 그는 마음을 가다듬고 생각을 고요히 하여 마음 깊이 생생하게 느껴지는 고통을 바라보았다. 그러자 고통은 뜬구름처럼 생겨났다가 사라졌다. 그는 영원히 변치 않는 것인 줄 알았던 몸이 지수화풍地水火風의 화합으로 이루어진 가상에 불과하다는 것을 이해했다. 몸은 정신을 가두는 감옥도 아니고 누군가가 만든 것도 아니며 단지 과거에 자신이 지은 행위의 결과일 뿐, 생성된 모든 것이 사라지듯이 소멸된다는 이치를 깨닫는다.

존재하는 모든 것이 무상하다는 사실을 깨닫자 놀라운 변화가 일어났다. 절망이나 허무에 빠지는 대신 그의 마음은 놀랍도록 담담하고 고요해졌다. 변덕스럽게 일어났다가 사라지는 생각과 느낌이 사라지자 구름 걷힌 맑은 하늘처럼 텅 비고 고요한 마음이 온전하게 드러났다.

모든 생각과 느낌이 사라진 무념무상의 경지에 이른 것이다. 이런 상태, 즉 일어남이 없으므로 사라짐도 없는 상태를 적멸이라고 한다. 이 경지는 언어나 형상으로 표현될 수 없지만, 분명한 것은 고통이 사라진 상태라는 것이다. 다른 말로 표현하면 즐거운 상태이다. 하지만 그 즐거움은 과거에 느꼈던 즐거움과 다르다. 왜냐하면 모든 고통이 사라졌기 때문에 더 이상 고통이 발생하지 않을 것이고 따라서 즐거움이 사라지는 일도 없을 것이기 때문이다. 다시 말해 적멸의 즐거움은 일어났다가 사라지는 일시적인 즐거움과 달리 영원한 즐거움이다.

우리는 음식이든 돈이든 지식이든 원하는 것을 얻었을 때 즐거움을 느낀다. 이런 종류의 즐거움은 욕구의 충족과 관련되는 것으로 우리가 어떤 사물 또는 상태를 소유하느냐 아니냐에 따라 결정된다. 그 밖에도 생리적으로 쾌적할 때에도 우리는 즐거움을 느낀다. 하지만 이 두 가지 종류의 즐거움은 오래 지속되지 못한다. 이런 만족은 모두 일시적이기 때문이다. 만약 우리가 어떤 대상을 소유하지 못하거나 어떤 상태에 지속적으로 있을 수 없다면 즐거움은 곧 고통으로 바뀔 것이다.

이와 달리 모든 느낌과 생각이 사라진 무념무상의 상태에서 느끼는 즐거움은 영원하다. 왜냐하면 그것은 대상에 기대어 발생한 즐거움이 아니기 때문에 소유나 쾌적함에서 얻는 만족과는 전혀 다르다. 적멸의 즐거움은 조건이 없는 즐거움이다. 그 즐거움은 발생하거나 사라지지 않으며 한계가 없다. 사유상의 미소는 바로 이 적멸의 즐거움, 불생불멸의 즐거움을 보여 준다.

있는 그대로 바라보다

태자 석가모니의 사유는 타락한 세상을 혁파하겠다는 적극적인 도덕 의지
의 표현도 아니고 새로운 세계를 창조하려는 시인의 독창적인 상상도 아
니다. 그것은 삶과 죽음, 발생하고 소멸하는 현상을 있는 그대로 바라보
는, 지극히 수동적이고 관조적인 행위에 불과하다. 하지만 생멸하는 현상
을 있는 그대로 바라보기 위해서는 자기 생각을 버려야 한다. 나라는 생각
도, 나의 존재와 얽혀 있는 선입견도 버려야 비로소 있는 그대로의 현상을
볼 수 있다. 그렇게 나를 비우면 발생했다가 소멸하는 온갖 무상한 것이
사라진다. 모든 생멸이 사라져서 적멸에 이르면, 비로소 조건 지어지지 않
은 즐거움, 깨달음의 즐거움을 누리게 된다.

　그러므로 현상을 있는 그대로 바라보는 일은 생각을 조작하거나 몸을 통
제하려고 하지 않는다. 몸으로 느끼고 반응하는 모든 것을 그대로 수용함
으로써 모든 것들을 또렷하게 인지하고 기억한다. 그것은 몸을 존중하고
자유롭게 한다. 여기에 몸을 대상으로 삼거나 영혼을 담는 집으로 간주하
는 서양의 근대적 사유는 발붙일 곳이 없다.

　동양 예술은 몸의 이상적인 비례나 균형보다 정신성에 더 가치를 둔다.
특히 얼굴의 모습은 마음을 더 직접적으로 표현하기 때문에 인체의 아름
다움에는 무관심했다. 동양 예술가들은 외형을 닮게 만드는 것보다 어떻
게 하면 정신성을 담을 수 있는가를 고민했다.

　몸을 대상화하거나 통제하려고 하지 않고 몸의 반응을 그대로 수용함으
로써 동양 예술은 양감보다 선적 조형성을 발전시켰다. 〈사유상〉은 기다란

손가락을 뺨에 살짝 기대고 의자에 편안하게 앉아 있다. 모든 긴장이 풀어져 완전히 이완된 그의 몸처럼 그의 마음도 편안하고 자유롭지 않을까? 살짝 숙인 고개, 가는 허리, 겹겹이 포개진 하의 자락을 따라 물 흐르듯이 흐르는 부드럽고 유연한 곡선은 너무나 섬세하고 정교해서 아무나 모방할 수 없는 미적 경지를 보여 준다. 인체의 사실적인 표현은 없지만 단순한 곡선만으로 모든 사유가 끊어진 적멸의 고요함을 충분히 보여 준다. 〈반가사유상〉의 자연스럽고 유연한 몸과 엷은 미소처럼 보살의 적막하고 깊은 정신세계도 빛나지 않는가! 그 선이 조금 모자라거나 조금 어긋났다면 그 아름다움을 크게 잃었을 것이다.

〈생각하는 사람〉과 〈반가사유상〉을 통하여 우리는 서양과 동양의 몸과 사유에 대한 상반된 태도를 볼 수 있다. 우리가 가닿을 수 있는 사유의 깊이는 어디일까?

수월관음과
선재동자

천 개의 강에 비치는 달, 수월관음

바수밀다 기녀와 비슬지라 거사에게서 가르침을 받은 선재는 다시 스승을 찾아 서둘러 길을 떠난다. 다음으로 찾아뵐 스승은 관세음보살이다. 선재는 남인도 해안가에 있는 험준한 바위산 보타락가산에 있는 관세음보살을 찾아 남으로 향한다. 멀고먼 구도의 길을 따라 거친 바다를 건너고 험준한 암벽을 오르며 골짜기 깊은 곳에 도착했을 때, 그는 세상에서 가장 미묘하고 아름다운 모습을 본다.

▶ **서구방필 수월관음도** — 1323년 서구방이 그린 이 그림에서 바위에 반가좌한 관음보살이 한쪽 무릎을 세운 채 합장하고 있는 선재동자를 바라보고 있다. 일본 천옥박물관 소장.

거기 시냇물 굽이쳐 흐르고 나무가 울창한 곳, 높이 솟은 바위 위에 향기로운 풀잎을 깔고 앉아 반가부좌한 채로 선정에 든 수월보살이 있다. 수월관음은 아미타불이 새겨진 보관을 높이 쓰고 있다. 화려하고 섬세한 무늬와 온갖 보석으로 장식된 옷이 어깨부터 발끝까지 흘러내리고 그 위에 다시 투명하게 속이 비치는 비단이 온몸을 감싸고 있다. 수월관음의 온몸은 빛으로 감싸여 있고 투명한 수면은 그 빛을 되비추고 있다. 두 그루 푸른 대나무 사이로 맑고 시원한 바람이 불어오자, 그는 꿈에서 깨어난 듯 선재를 응시한다. 관음의 시선이 향하는 맞은 편 물가에 선재동자善財童子가 관음을 우러르며 발을 쫑긋 세우고 합장하고 서 있다.

고려 불화 〈서구방필 수월관음도〉는 보살과 존재 자체의 만남이라는 가장 인간적이고 가장 내면적인 순간을 형상화하고 있다. 관음의 옆에는 일렁이는 파도와 수반을 갖춘 정병淨瓶에 꽂힌 버드나무, 한 쌍의 청죽淸竹과 새 등이 묘사되어 있으나 그 모든 것은 고요하고 투명하게 화면 속으로 침잠해 들어가고, 대각선 구도 속에서 압도적인 크기의 보살이 화면을 가득 채우고 있다. 그에 비하여 왜소하기 이를 데 없지만 선재동자는 이 그림에서 빠져서는 안 되는 존재, 다시 말해 그 장엄한 아름다움을 비로소 발견하는 자이다.

그림 밖의 관람자는 선재의 시선으로 관음을 바라본다. 거대하고 위력적인 자연물이나 대상은 대부분의 사람들에게 공포를 불러일으키지만, 관음의 거대함은 사람을 압도하지 않는다. 그 장면은 너무나 부드럽고 온화하여 조금도 위협적이지 않다. 서양 미학에서 거대하고 압도적인 자연물이나 인공물 앞에서 위험을 느끼지 않고 오히려 숭엄하고 거룩한 느낌과 스스로 고양됨을 느낄 때 그런 미적 감정을 '숭고'라고 부른다.

하지만 고려 불화에 그려진 관음은 그 거대함이 숭고의 감정을 불러일으키기보다 온 우주를 감싸는 부드러움과 온화함으로 느껴진다. 동시에 선재의 눈으로 관음을 바라보게 한다. 그리하여 우리는 이 거대한 관음 앞에서 선재처럼 모두 어린아이가 된다.

누구든지 부르기만 해도 달려온다는 관세음보살은 세상 사람들에게 잘 알려진 친근한 존재이다. 관세음보살은 『반야심경』, 『법화경』 「보문품」, 『화엄경』 「입법계품」, 『능엄경』 「이근원통장」 등에 등장하며, 관자재, 만월, 수월, 천수, 준제 등등 참 많은 이름이 있다. '수월水月'이란 '물속의 달'이라는 뜻으로, 하늘의 달이 지상으로 내려오지 않더라도 일시에 천 개의 강에 나타나듯이 보살의 청정한 법신이 온 세상에 가득하여 그 경계가 무한하고 보살의 자비가 온 세상을 고루 비추어 중생의 바람에 따라 제한 없이 평등하게 응함을 나타낸다.

고려 불화에서 가장 아름답고 화려하게 그 모습을 선보이는 수월관음은 외딴 바닷가 적정처寂靜處 한가운데에서 온 세상을 구제하는 존재이다. 관음의 서른세 변화신 가운데 하나인 수월보살은 『법화경』 「보문품」에 등장하지만, 고려 불화의 수월관음은 『화엄경』 「입법계품」에서 선재동자가 만난 선지식 중 한 분이다.

수월관음은 그 독특한 도상적 특징으로 고려 시대부터 불화로 많이 조성되었으며 독존으로 모셔진 관음상의 대부분은 수월보살이다. 안타깝게도 국내에는 리움박물관과 호림박물관에 몇 점이 남아 있고 나머지는 일본을 비롯한 해외에 있다.

관음 앞에서 모두 선재동자가 되다

『법화경』「보문품」에 따르면, 자비의 화신인 관세음보살은 뱃사공의 모습, 여인의 모습, 어린아이의 모습 등 서른세 가지 변화된 모습으로 세상 어느 곳에든 나타나서 사람들을 구제한다고 한다. 그러나 실제로 관세음보살은 앉은 자리에서 한 걸음도 움직이지 않은 채 세상을 구원하고 있다.

격랑이 부는 바다는 우리를 의지할 바 없는 어린아이로 만든다. 삶의 고통은 우리가 어떤 지위에 있든, 무엇을 소유하고 있든 관계하지 않고 존재 그 자체를 직면하게 만든다. 고통 앞에서 우리는 삶의 진실을 만나게 되며, 그래서 어린아이가 된다. 역설적이게도 고통은 우리를 순수한 상태로 돌아가게 한다.

고통 외에 우리를 순수한 어린아이로 돌아가게 하는 것은 없을까? 어머니, 그 거룩한 이름의 존재 앞에서 모든 인간은 어린아이가 된다. 어머니의 사랑 앞에는 그 어떤 겉치레도 속임수도 필요치 않다. 보잘것없이 남루하고 헐벗을 때에도 어머니의 품이면 모든 것이 해결된다. 아프고 병들었을 때 어머니의 손은 약손이 되고, 세상에서 실패하여 갈 곳 없을 때에도 축 처진 어깨로 만날 수 있는 사람은 어머니이다. 어머니의 사랑은 우리를 아무 꾸밈 없는 어린아이로 만든다.

어머니의 사랑에 의해 우리 모두 어린아이가 되듯이 수월관음의 자비 앞에서 우리는 모두 선재동자가 된다. 관음의 자비가 우리를 어린아이로 만든다.

그러므로 선재동자는 존재 자체의 순수성으로 돌아간 우리들 자신의 모습이다. 우리를 선재동자로 만드는 힘은 위압적이고 초월적인 힘이 아니라 어머니처럼, 공기처럼 우리 곁에서 지켜보는 자비의 힘이다. 그 자비는 약하고 미미한 존재의 것이 아니라 모든 능력을 갖춘 가장 강한 자의 자비이기에 우리를 어리광만 피우는 어린아이가 아니라 가장 순수하고 가장 깊은 내면에서 본 어린아이로 돌아가게 한다.

수월관음은 마치 공기처럼 부드럽고 가볍다. 마치 존재하지 않는 것처럼 선정에 잠기어 모든 현실적인 것들을 벗어나 꿈꾸는 듯 선재동자를 내려다본다. 선재동자를 향하여 몸을 구부리고 있으나 그의 눈동자는 선재동자를 주시하지 않는다. 그저 내면을 바라보면서 선재동자를 향하고 있을 뿐이다.

보는 자와 보이는 자가 하나 되다

고려인에게 자비는 공기처럼 우리를 감싸고 있는 것, 항상 거기 있는 그 무엇이 아니었을까? 관음의 화려한 보관과 섬세한 옷매무새, 포동포동한 손과 발, 부드러운 자태, 편안하고 한가롭게 앉아 있는 자세, 모든 것이 자비를 형상화한다. 화려한 보배로 장식한 그것조차 겉치장의 화려함이 아니라 오로지 순수한 아름다움을 나타낼 뿐이다. 선재동자가 스물여덟 번째 선지식인 관세음보살을 만나는 이 장면은 상상하기 어려운 섬세함 때문에 숨이 멎을 정도로 아름답다. 보배구슬로 치장한 관음은 그 아름답고 장엄한 모습으로 선재동자의 가슴을 설레게 하였을 것이다. 관음은 그저 고요히 앉아 있지만, 선재동자는 관음을 바라보는 것만으로도 가슴 벅차

백의관음도(좌)와 서구방필 수월관음도 세부(중앙, 우) — 혜허 스님이 그린 고려 불화로 양류관음도, 일명 물방울수월관음도라고 불리운다. 일반적인 수월관음도가 암좌에 반가좌한 모습을 보이는 것과 달리 이 수월관음도는 물방울 혹은 버드잎 형태의 광배 안에 서서 법을 구하기 위해 찾아온 선재동자를 맞이하는 모습이다. 왼손에는 정병, 오른손에는 버드나무 가지를 들고 있다. 일본에서는 버들잎에 싸여 있어 양류관음도라고 부른다. 일본 천초사 소장.

쫑긋이 발꿈치를 들고 보살을 향해 두 손 모으고 있다.

하늘과 바다, 바위를 배경으로 한 관음은 화려한 궁전과 나무, 수많은 불보살로 장엄한 극락세계의 아미타여래보다 더 인간적이고 친밀하며 내면적인 순간을 반영한다. 그것은 어떤 인위적인 대상도 없이 자연 속에서 그저 존재 자체와의 만남을 말하고 있을 뿐이다. 정병과 용, 또는 보주 등 몇 개의 상징물이 있지만 관음이 머물고 있는 자연은 어떤 인문적 세계도 벗어난 존재 그 자체의 순수한 현현이다.

아미타불의 극락세계나 지장보살과 시왕十王의 지옥에는 좋음과 싫음, 죄와 벌, 기쁨과 고통과 같은 인간적인 의미가 깃들어 있다. 극락이건 지옥이건 그곳은 세계 내 존재들의 삶과 의미를 담고 있다. 그러나 관음이 자리 잡은 바다로 둘러싸인 보타락가산, 구름과 암벽 사이에 앉아 있는 관음

은 그런 인간적인 의미의 세계를 완전히 벗어나 있다. 그는 존재 자체의 본래적인 모습으로서만 존재한다.

지옥이 묘사되어 있지만 그 세계는 인간을 위압하거나 고통스럽게 하지 못하고 오직 관음의 자비에 비하여 그것이 얼마나 미미한지를 보여 줄 뿐이다. 사천왕이 두려움으로 악한 자를 물리치고 세상을 구원했다면, 수월관음은 한없는 자비로 우리를 두려움 없는 어린아이로 되돌아가게 함으로써 세상을 구원한다.

자비로 감싸진 세계, 고려인들은 이렇게 온 우주가 자비로 가득 차 있다고 믿었다. 저 어마어마한 숫자의 몽고군의 침입을 붓다가 막아 주리라 믿으며 전란의 와중에 팔만장경을 판각하였던 그들은 어찌 보면 어리석기 이를 데 없지만 루카치가 고대 그리스를 일러 "별이 빛나는 창공을 보고, 갈 수 있고 또 가야만 하는 길의 지도를 읽을 수 있던 시대는 얼마나 행복했던가? 그리고 별빛이 그 길을 훤히 밝혀 주던 시대는 얼마나 행복했던가?"라고 말한 것처럼 앞날을 내다볼 수 없는 두려움과 불안 속에서도 오로지 붓다를 믿을 수 있었던 고려인들은 얼마나 행복했을까.

과연 나는 얼마만큼 어린아이로 살고 있는가? 관음의 자비가 온 우주에 가득 찼다고 믿고 있는가? 나는 나 자신을 얼마나 자비로 채우고 있는가? 선재동자의 눈에 비친 관세음보살은 산보다 크고 거대하지만 조용히 우리를 내려다볼 뿐이다. 그 순수한 내맡김 속에서 선재동자와 수월관음이 하나가 되고, 보는 자가 보이는 자가 되고 보이는 자가 보는 자가 되며, 자력自力과 타력他力이 하나가 된다.

이렇게 우리는 보살도의 실천자가 된다. 나를 관음으로 채울 수 있다면, 그대에게 곧 법문이 있을지니 묻지 않아도 물은 것이고 대답하지 않아도 대답을 얻은 셈이다.

사천왕과
배트맨

분노와 두려움의 미학

세상 사람들에게는 가문家門이, 출가자들에게는 산문山門이 있다. 문은 공간
과 공간을 가르는 경계이다. 어느 세계에 살든, 가 보지 않은 세계는 매력
적이다. 문 안쪽의 사람은 문 바깥의 세계를 꿈꾸고 문 바깥의 사람은 문
안에 있는 세계가 궁금하다. 용기 있는 자만이 문을 통과하여 미지의 세계
로 나아갈 것이다.

　출세간의 세계로 들어가는 길에 세 개의 문이 있다. 세계의 중심, 수미산
의 기슭으로부터 중턱을 지나 정상에 이르는 과정을 상징하는 구조물인
세 개의 문은 서로 반복되고 중첩되는 가운데 공간을 분할하는 동시에 소

통시킨다. 세 개의 문은 물리적 공간만 아니라 존재의 차원에서도 새로운 세계를 연다. 한 걸음 한 걸음 계단을 밟아 올라가는 동안 마음은 정화되고 의식은 맑아진다. 문 없는 문, 일주문을 지나(사찰에 따라 일주문과 천왕문 사이에 금강역사가 지키는 금강문을 두기도 한다.) 사천왕이 지키는 하늘의 문인 사천왕문을 통과하여, 성과 속의 세계를 둘로 나누면서도 하나로 잇는 불이문不二門을 지나면 마침내 청정한 땅, 붓다의 세계에 도달한다.

그러나 이 적묵의 세계는 누구에게나 열려 있는 것이 아니다. 문은 늘 열려 있지만 아무나 지나가지 못한다. 하늘의 왕들이 눈을 부릅뜨고 손에는 칼을 들고 발로 사나운 악귀를 짓밟고 서서 지키고 있기 때문이다. 사악한 자들은 지레 겁을 먹고 도망갈 것이다. 바로 이들이 사천왕, 호세천왕護世天王이다. 그들은 욕계의 여섯 하늘 가운데 가장 낮은 하늘에 거주하면서 불보살을 지키고 불법을 믿는 자들을 보호한다.

동쪽 하늘에 거주하는 지국천왕持國天王은 붓다의 나라를 지키는 신이다. 이 호세천왕은 놀랍게도 비파를 들고 음악을 연주한다. 용을 안고 있거나 포승줄을 들고 있는 이는 서쪽 하늘에 거주하는 광목천왕廣目天王이다. 모든 것을 지켜보는 부릅뜬 그의 눈은 얼마나 못 생기고 거친지 힐끗 보기만 해도 겁에 질려 다시는 악한 짓을 못하게 된다. 사실 가장 겁나는 눈은 부릅 뜬 눈이 아니라 모든 것을 보고 있는 눈이다.

남쪽 하늘에는 증장천왕增長天王이 살고 있다. 그는 보검을 들고 있으나 모

◀ 완주 송광사 사천왕 — 찌푸린 미간과 튀어나온 눈, 이글거리는 눈빛, 크게 벌리거나 꽉 다문 커다란 입, 날카로운 이빨을 가진 험악한 얼굴과 우락부락한 몸에 창과 칼을 든 사방의 천왕이 도열해 있는 문은 삼엄하기 이를 데 없다. 완주 송광사 사천왕상은 1649년에 조성된 것으로 사천왕상의 변천사를 알려주는 나침반 역할을 한다.

동방지국천왕(좌)과 서방광목천왕(우) — 비파를 들고 음악을 연주하는 지국천왕은 붓다의 나라를 지키는 신이고, 눈을 부릅 뜬 채 용을 안고 있는 광목천왕은 모든 것을 보고 있다.

든 생명을 기르는 신이다. 북쪽 하늘의 다문천왕^{多聞天王}은 보탑을 지니고 어둠 속에서 모든 것을 듣고 있다. 모습을 나타내지 않고 모든 것을 듣는 신, 그 얼마나 두려운 존재인가? 하지만 붓다의 열렬한 추종자가 된 이후로 그는 역할을 바꾸어 어둠 속에서 헤매고 있는 중생을 구원하는 신이 되었다.

원래 사천왕은 사람을 잡아먹는 귀신인 야차들이었다. 그저 완력과 신통력을 자랑하던 그들을 변화시킨 것은 붓다였다. 붓다의 설법을 들은 후, 그들은 불법에 귀의하여 붓다의 설법이 행해지는 공간과 불법에 귀의한 사람들을 지키는 호법신장^{護法神將}, 불교의 호위무사가 되기로 결심하였다.

남방증장천왕(좌)과 북방다문천왕(우) — 보검을 들고 있는 증장천왕은 모든 생명을 기르는 신이고, 보탑을 지닌 다문천왕은 어둠 속에서 모든 것을 듣고 있다.

　도상학적으로 볼 때 사천왕의 탁월함은 힘에 있다. 슈퍼맨처럼 처음부터 인간을 능가하는 힘을 가지고 보통 사람들이 할 수 없는 일들을 쉽게 한다. 완력도 뛰어나고 몸집도 크고 눈도 크고 입도 크다. 그들이 지닌 보검이나 포승줄은 보배구슬이나 버들가지와 같은 관세음보살의 지물持物에 비하여 얼마나 야만적인가! 그런데 단지 힘의 우위 때문에 그들을 인간보다 우수한 존재라고 말할 수 있을까?

　사천왕의 힘의 원천은 분노와 두려움에 있다. 그들이 불법을 수호하기 위해 실질적으로 선택한 무기는 칼과 창이 아니라 분노와 두려움이라는 심리적인 힘이다. 찌푸린 미간과 튀어나온 눈, 이글거리는 눈빛, 크게 벌리거나 꽉 다문 커다란 입, 날카로운 이빨을 가진 험악한 얼굴과 우락부락한 몸에 창과 칼을 들고 살짝 위협하는 정도에 불과하지만, 사방의 천왕이 도열해 있는 문은 삼엄하기 이를 데 없다. 광목천왕과 다문천왕은 매서운 눈빛으로 멀리까지 지켜보고 있고 지국천왕과 증장천왕은 위협하듯 눈을 부릅뜨고 서 있으니, 그 어떤 삿된 것도 범접하지 못한다.

니체가 "괴물과 싸우는 자는 스스로 괴물이 되지 않도록 조심하라"고 경고했던 것처럼 악마를 이기기 위해 악마성을 차용하는 것은 대단히 위험한 일이다. 그럼에도 불구하고 왜 사천왕은 분노와 두려움이라는 악마적인 힘을 이용했을까? 표면상의 유사성에도 불구하고 사천왕을 악귀가 아닌 천상의 고귀한 존재로 만드는 것은 과연 무엇일까?

현대판 사천왕, 배트맨

초능력을 발휘하여 악당을 해치우고 지구를 구하는 슈퍼히어로로 영화의 주인공들은 사천왕과 닮은 구석이 있다. 그들은 처음부터 초능력을 가지고 태어났거나, 인간의 모습을 하고 있지만 실은 외계에서 온 존재인 경우도 있다. 가끔 사고를 통해 우연히 초능력을 얻기도 하지만, 악신에서 선신으로 변하는 사천왕 이야기의 감동을 찾아보기는 어렵다.

내가 아는 한, 배트맨도 B급 감성의 그저 그렇고 그런 슈퍼히어로로 중 하나이다. 다른 영웅들과 달리, 배트맨은 타고난 장사도 아니고 초능력자도 아니다. 그런데 크리스토퍼 놀란 감독은 이 찌질한 영웅을 가지고 인간 심리에 대한 놀랍도록 현실적인 이야기를 만들어 냈다. 배트맨 삼부작 시리

배트맨 — "보이지 않으면 두려운 법. 넌 적의 악몽이 되어야 해." 무의식 깊이 각인된 두려움을 극복하고 의식을 통제할 수 있을 때 그는 진짜 슈퍼히어로가 된다.

즈를 통해 그는 '평범한 인간이 어떻게 진짜 영웅이 되는가'라는 탁월하고 장대한 영웅서사를 완성한다.

〈배트맨 비긴즈〉에서 배트맨은 무술로 단련된 몸과 엄청난 재산으로 얻은 최첨단 과학기술 덕분에 슈퍼히어로가 되었지만, 그의 가장 강력한 적은 눈앞에 있는 악당들이 아니라 어린 시절 우물에 떨어졌을 때 느꼈던 두려움이다.

"문제는 적이 아니야. 진짜 적은 네 안에 있어. 넌 너 자신을 두려워해."

"네 분노는 무슨 일도 할 수 있는 억눌린 힘이야. 이제 자신과 맞서야 해."

"두려움을 극복하려면 네가 두려움이 되어야 해."

그를 진짜 영웅으로 만든 것은 마음의 힘이다. 무의식 깊이 각인된 두려움을 극복하고 의식을 통제할 수 있었을 때 그는 진짜 슈퍼히어로가 되었다. 그러므로 고담시의 부패와 악을 소탕하기로 결심한 후 라스 알 굴의 소굴에서 뼈를 깎는 고통을 이겨내며 무술 수련을 할 때 그의 목표는 죽음의 공포를 극복하는 것이었다. 모든 공포를 극복했을 때 그는 고담시로 돌아온다. 불법이 난무하고 악당들이 활개를 치는 고담시는 혼자서 감당하기에는 역부족이었다. 부패는 만연했고 악은 너무나 강력했다. 어떻게 선량한 시민을 도울 수 있을까? 물리적인 힘이나 마법적인 힘으로 세상을 구원하는 다른 영웅들과 달리, 그가 선택한 전략은 어린 시절 두려움의 대상이었던 박쥐인간, 배트맨이 되는 것이었다.

"보이지 않으면 두려운 법. 넌 적의 악몽이 되어야 해."

자신을 두렵게 했던 힘이 이제 적을 두렵게 하는 힘이 된다. 마키아벨리가 간파했던 것처럼 공포만큼 강력하게 사람을 제압하는 것도 없다. 공포는 인간을 얼어붙게 하고 힘에 굴종하게 만든다. 악당들은 선량한 시민을 겁주어 세상을 제멋대로 지배한다. 하지만 이제 배트맨은 그것을 역으로 이용한다. 악을 효과적으로 제압하고 고담시의 평화와 선량한 시민을 보호하기 위해 그 자신이 적의 악몽이 되고 이름만 들어도 두려운 존재가 되고자 한다. 하지만 궁극적으로 그는 선량한 시민에게 '선이 승리하고 정의가 실현되는' 희망을 주기 위해 '선의 상징'이 되고자 했다.

히스 레저의 조커 연기가 인상적이었던 〈다크 나이트〉에서는 '선 그 자체를 위한 선'의 반대편에 있는 '악 그 자체를 위한 악'의 존재와 인간의 양면성에 대한 심오한 통찰을 보여 준다. 고담시의 영웅 하비 검사가 악을 선택하고 시민들과 죄수들이 선을 선택함으로써 배트맨과 조커의 대결은 무승부로 끝났지만, 배트맨과 조커는 그처럼 순수하게 추상적인 존재라는 점에서 인간의 마음속에 자리 잡고 있는 선과 악을 상징한다.

배트맨 시리즈 완결편인 〈다크 나이트 라이즈〉에서 어둠의 감옥에 갇힌 주인공에게 탈출을 권하는 늙은 죄수의 입을 통해 다시 두려움과 희망을 말한다. 부질없는 희망이 가장 지독한 징벌이지만, 희망은 필요한 것이라는 주인공의 말을 통하여 감독은 인간에 대한 희망을 말한다.

"두려움이 없는 자는 탈출에 성공하지 못한다"는 늙은 죄수의 역설은 인간의 마음에 대한 깊은 통찰을 담고 있다. 키에르케고르가 죽음에 이르는 병이라고 했던 것처럼 두려움은 인간의 한계에서 오는 것이다. 그러므로 두려움에는 그 어떤 절박함이 있기 마련이다. 두려움이 없기 때문이 아니라 두려움에도 불구하고 생사를 걸 때 바로 그 절박함 때문에 희망이 있게 된다. 이제 두려움은 한계를 넘어 길을 연다.

〈배트맨 비긴즈〉에서 이미 죽음의 두려움을 극복한 주인공에게 새롭게 다가온 두려움은 고담시의 멸망을 눈앞에 두고서도 아무것도 하지 못한다는 절망으로부터 나온다. 여기서 주인공의 두려움은 죽음의 공포와 전혀 다른 성질의 것이다. 탈출을 감행하며 그는 다시 두려움과 맞선다. 『반야심경』에서 보살에게는 두려움이 없다고 말했지만 배트맨의 두려움은 타인을 위한 것, 그야말로 보살의 두려움이다.

그러므로 주인공의 위대함은 살인을 하지 않는다거나 법으로 징계를 한다는 점 때문이 아니라 전적으로 자기를 버리는 헌신에서 완성된다. 고담 시민을 위해 완전히 헌신하기 전까지 배트맨은 '아직'이라고 말한다. 자신의 생명을 바침으로써 그는 전설적인 존재가 된다. 곧 그 전설은 사람들 마음에 위대한 존재의 상징으로 살아남아 세상을 지키게 될 것이다. 그렇다면 배트맨이 정말 되려고 했던 것은 선이 아니라 선의 상징이 아닐까? 크리스토퍼 놀란의 배트맨 시리즈 전체를 일관하는 주제는 어떻게 평범한 인물이 전설적인 존재, 선의 상징이 되느냐가 아닐까?

사천왕과 배트맨의 이타심

다시 사천왕의 이야기로 돌아가자. 사천왕은 영웅이 아니다. 불교에서 영웅은 자신을 극복한 존재를 말한다. 다시 말해 불교의 위대한 영웅은 아라한阿羅漢, 즉 붓다뿐이다. 사천왕은 초인간적인 힘을 가지고 있지만 아직 영웅이 아니다. 사람들의 숭배의 대상이 되려는 것이 아니라 자발적으로 자신을 희생하여 불법을 지키는 수호자가 되기를 자처했을 때 그들은 비로소 영웅이 된다.

수호자가 되기 위해 배트맨이 자신의 두려움을 극복해야 했듯이, 사천왕들도 자신의 두려움을 극복해야 했을 것이다. 배트맨이 실제적인 힘보다 사람들의 가슴에 잊히지 않는 하나의 상징으로 남아 선을 수호하는 영웅이 되었던 것처럼, 사천왕 역시 힘이 아니라 하나의 상징으로서 악당을 두려워 떨게 만듦으로써 악을 징벌하고 악으로부터 선한 시민들을 지키려고 한다. 배트맨이 박쥐라는 자신의 공포 대상을 악한 자의 공포 대상으로 만들었듯이, 사천왕은 험상궂은 얼굴과 손에 든 지물, 그리고 아귀를 누르는 발로 악한들을 떨게 한다. 악한 자를 이기려면 그들보다 더 두려운 존재가 되어야 하기 때문이다. 놀랍게도 공포로 공포를 제압한다는 배트맨의 전략이 사천왕을 비롯한 불교의 수호신장에게도 똑같이 적용된다.

사천왕의 추하고 험상궂은 얼굴 표정은 분명 신적인 존재에게 어울리지 않는다. 우리가 알고 있는 천상의 신들은 아름답고 순수하고 고귀한 존재들이다. 그들의 힘은 폭력이나 완력이 아니라 설득과 감동, 지혜와 자비로 나타난다. 그러나 인간보다 강력한 힘과 신통력을 가졌지만 아직 감정과 형상을 떠나지 못한 욕계의 존재인 사천왕은 자신에게 주어진 가장 강력한 힘인 분노와 두려움을 이용할 수밖에 없었을 것이다.

위협적인 표정에도 불구하고 사천왕은 우리를 지켜 주는 착한 신들임에 틀림없다. 그들의 얼굴을 보고 두려움을 느끼는 자는 악당들뿐, 마음이 청정한 자에게는 두려움이 없다. 불법을 진실로 믿고 따르는 자에게도 두려움은 없다. 그래서 상대방을 겁먹게 해서 제압하는 것은 사악한 자들이 세계를 지배하는 방법이지만, 사천왕은 역발상으로 사악한 자들을 겁먹게 하고 두려워 떨게 한다.

고귀한 자들도 분노한다. 위력을 과시하여 악한 자들을 두려워 떨게 만든다. 그들은 순수한 이타의 의지로 말미암아 착한 사람을 보호하는 흑기사, 다크 나이트^{dark knight}가 된다. 북쪽 어둠의 하늘의 왕인 다문천왕의 얼굴에는 어둠을 상징하는 검은색이 칠해져 있다. 위압적이고 폭력적인 표정에도 불구하고 사천왕을 고귀한 존재로 만드는 것은 배트맨이 그랬듯이 타인을 위한 완전한 헌신이 아니겠는가?

악으로부터 선을 보호하기 위해 두려움이라는 심리적인 힘을 사용한다는 점과, 완전한 이타적 희생을 통해 신적인 존재가 된다는 점에서 크리스토퍼 놀란의 배트맨은 사천왕의 이야기와 놀랍도록 닮았다. 그런 점에서 크리스토퍼 놀란의 배트맨 시리즈는 현대판 사천왕 이야기라고 할 수 있겠다.

사방을 위호하는 사천왕의 보호를 받으며 마지막 관문, 불이문을 통과하면 그곳에 고요하고 적정한 붓다의 세계가 있다. 모든 시비와 호오, 선악이 사라진 이 세계에는 한없이 넓은 마음의 소유자, 불보살들이 머문다.

사천왕은 악당을 두려움에 떨게 하여 착한 중생을 보호하지만, 불보살의 자비는 차별도 없고 한계도 없다. 그들은 천하의 악당도, 불법을 모르는 무지렁이도 구원한다. 커다란 자비의 마음으로 두려움에 떠는 중생을 보살피고, 선한 자든 악한 자든 이름을 부르기만 하면 언제 어디서든 달려갈 것이다. 죽음을 앞두고 두려워하는 이들을 위해 연화대를 마련하여 마중하러 갈 것이다. 아무리 험난한 삶의 행로라도 그들에게 의지한다면 고난에서 벗어날 수 있으리라.

운문사 작압전 석조사천왕상 — 우리나라의 사천왕상은 서역인의 모습을 하고 있으나, 험상궂은 표정과 과장된 몸짓이 공포
스럽거나 위협적이지 않다. 운문사 석조사천왕상은 작은 체구에 부드럽고 소박한 표정을 하고 있다. 사천왕의 발밑에 눌려
있는 악귀들조차 고통스러워하기보다 장난스럽고 친근하다. 우리 민족의 따뜻한 심성과 해학적인 기질이 돋보이는 훌륭한
예이다.

2 —

죽음, 축제가 되다

삶과 죽음의
이중주
〈감로도〉

죽음에 대한 공포 〈죽음의 무도〉

삶은 덧없고 죽음은 그 누구도 피할 수 없다. 모든 것이 무상하다. 태어나는 것은 순서가 있지만 죽음에는 순서가 없다. 그래서 죽음은 언제나 당황스럽고 두렵다. 죽음은 예기치 않게 다가와 삶을 송두리째 휘젓고는 유유히 사라진다.

고대 로마에서는 전쟁에서 승리한 개선장군이 로마 시내를 퍼레이드 할 때 노예 한 사람에게 월계관을 들고 뒤따르게 했다. 이 월계관에는 특별한 문장이 씌어 있었다. 바로 '메멘토 모리^{Memento mori} (죽음을 기억하라)!' 생애 최고의 순간, 승리의 기쁨을 만끽하는 날, 노예는 개선장군에게 오늘은 최고

죽음의 무도 — 크로아티아 베람 지역의 성모 마리아 성당 묘지에 그려진 프레스코화이다. 나약한 여자들이나 죄 많은 자들은 겁에 질려 끌려가고 고관대작이나 성직자들은 완강하게 저항하며 버티지만 죽음은 끝내 거부할 수 없다.

의 날이지만 내일 또 다른 날이 찾아오리라는 사실을 상기시켰다.

서양 문화에서 가장 흔한 죽음의 상징은 낫을 든 남자, 흑기사, 수레바퀴의 주인 등이다. 북독일에서는 저승사자를 '친구 하인Freund Hein'이라고 부른다. 죽음은 친구처럼 다정하게 다가와 무장해제 시킨 뒤 무방비 상태에서 문득 저승으로 데려가는 자, 그래서 예측할 수 없고 통제할 수 없는 자이다. 그는 한 음 높게 조율된 바이올린으로 불길하고 귀에 거슬리는 〈죽음의 무도〉라는 음악을 연주한다. 회화에서는 해골이나 썩은 과일, 불 꺼진 초, 시든 꽃으로 생명이 사라진 것들의 추함을 강조하며 모래시계로 생명이 빠져나가는 유한한 인간의 생명을 환기시킨다. 이렇듯 서양에서 죽음은 삶과 대비되어 무력하고 추한 것으로 이해된다.

서양 회화에서 자주 등장하는 〈죽음의 무도〉는 죽음을 해골로 의인화하여 표현하는데, 가만히 뒤에서 등장하거나 불쑥 나타나는 죽음은 위험하고 두려운 것, 음습하고 추한 것이다. 나약한 여자들이나 죄 많은 자들은 겁에 질려 끌려가고 고관대작이나 성직자들은 완강하게 저항하며 버티지만 죽음은 끝내 거부할 수 없다. 죽음은 교황, 황제, 황후, 왕, 추기경, 농부, 아이, 아이의 엄마 등 지위의 고하, 신분의 귀천을 가리지 않고 누구에게나 공평하게 주어지는 것으로 중세의 숨 막히는 봉건 질서를 완화하기도 했다.

주로 수도원 회랑이나 공동묘지, 납골당 외벽에 그려진 이 그림들은 지옥과 저주받은 사람들을 통해 삶의 덧없음을 강조하고 천국의 영생을 동경하고 신에게 헌신할 것을 호소했다. 이 그림들은 한편으로 돈이나 명예, 지위 같은 덧없는 것을 추구하지 말고 도덕적이고 종교적으로 살라고 설득하지만, 다른 한편으로 지상의 삶을 단죄하는 심판자인 죽음을 가능하면 피하고자 하는 욕망도 보여 준다. 그러므로 어쩔 수 없이 죽음이 닥쳐온다면 산 자의 세계에서 빨리 분리시키는 것이 최선이다. 뒤집어보면 이 욕망 속에는 죽음을 금기시하고 혐오스럽게 생각하는 사고가 숨어 있는데, 신의 심판과 구원이라는 이름으로 형성된 종교 권력은 죽음에 대한 공포를 자양분으로 한다.

죽음은 인간에게 주어진 공통 조건이지만 죽음을 맞이하는 태도는 종교에 따라 다르다. 동양에서 죽음은 삶과 단절된 것이 아니라 또 다른 삶으로 받아들였다. 우리 선조들은 죽음을 회피의 대상이 아니라 준비하고 맞이하는 대상으로 여겼다. 그래서 죽음을 앞둔 사람이나 가족들은 미리 묏자리를 봐 두고 윤달이면 수의를 준비한다. 서양에서는 깜짝 놀랄 일이지만 우리는 자손으로서 마땅히 해야 할 도리라고 여긴다.

우리 조상들은 자신이 살던 집에서 죽음을 맞이하고 죽은 뒤에 반혼^{返魂}

을 통해 다시 생전에 살던 집으로 돌아왔다. 해마다 치러지는 제사를 통해 조상들은 여전히 가족의 일원으로서 기억되고 후손들에게 영향을 미친다고 믿었다. 호상인 경우, 문상객들이 상갓집에서 밤새도록 시끌벅적하게 술과 음식을 먹고 화투놀이 하는 것을 예의로 여겼다. 우리에게 죽음은 이처럼 삶의 한 과정이며 장례는 죽음이 삶의 끝이 아니라 새로운 삶의 시작이라는 사실을 알리는 의례였다.

죽음, 또 다른 삶의 시작

가족들의 돌봄을 받지 못하는 영혼들도 있다. 제사를 못 받아 배고픈 조상이 있다거나 묏자리가 잘못되었을 때, 또는 젊은 나이에 죽거나 객사했거나 억울하게 죽었거나 전쟁에서 이름 없이 죽어간 영혼들은 자신을 기억할 산 사람이 없기 때문에 돌아갈 곳을 알지 못해 구천을 떠돌게 된다.

　이처럼 이승을 떠나고도 선뜻 생을 내려놓지 못하고 생과 사의 중간 어디에선가 떠도는 이름 없는 영혼을 위하여 불교에서는 예로부터 아귀들에게 감로甘露를 베푸는 의식, 다시 말해 물과 뭍에서 외롭게 죽어간 영혼들을 천도薦度하는 수륙재水陸齋를 열어 그들을 다음 생으로 안전하고 편안하게 인도했다. 이때 장엄하게 제단을 차리고 대형 걸개그림을 내거는데, 이 그림을 〈감로도〉라고 한다.

　〈감로도〉에는 그들을 죽음에 이르게 한 사건들이 낱낱이 묘사되어 있다. 지금은 드물지만 과거에는 호랑이나 뱀에 물려 죽는 재앙이 흔했다. 수많은 민담에 호랑이가 등장하는 것만 보더라도 당시 사람들이 호랑이에게

가졌을 공포를 짐작하고도 남는다. 흥미로운 점은 〈감로도〉에 그려진 호랑이의 모습이 민화에 나오는 호랑이와 비슷해서 요즘 아이들이라면 만화 캐릭터로 생각할 정도이다. 화공의 조잡하고 투박한 솜씨 탓인지, 우리 민족에게 호랑이가 의미하는 상징성 때문인지, 호랑이는 무섭기보다 친근하고 장난스럽다.

그 밖에 술병 들고 싸우다가 죽은 사람, 바둑을 두다가 분을 참지 못하고 싸우다가 죽은 사람, 담장이 무너져 비명횡사한 사람 등 고금을 막론하고 죽음을 초래할 법한 상황이 있는가 하면, 오늘날로 치면 교통사고사에 해당하는, 말발굽이나 소달구지에 깔려 죽는 사람, 벌거벗기고 포박을 당해 죽거나 산적들에게 봇짐을 빼앗기고 목숨을 잃은 봇짐장수, 주인에게 매 맞아 죽는 노비 등 특정한 시대 상황이 반영된 죽음의 모습까지 〈감로도〉에는 당대를 살아간 민중들의 애환이 있는 그대로 담겨 있다.

예나 지금이나 전쟁은 가장 참혹한 대규모 죽음의 원인이다. 17세기 이후 제작된 〈감로도〉를 보면 한쪽은 창과 활 같은 전통적인 무기를 들고 있고 다른 한쪽은 조총을 들고 있는 모습을 볼 수 있다. 이 장면은 상상으로 그린 것이 아니라 임진왜란이라는 역사적 사건에 근거한 사실적인 장면이다. 그만큼 조선 사람들에게 임진왜란은 지울 수 없는 트라우마였다.

영혼을 천도하는 엄숙한 재식이 벌어지는 장소에서 조금 물러서면, 삶의 갖가지 모습이 드러난다. 근엄하게 경전을 읽는 양반네들이 흘금흘금 아낙네들을 곁눈질하고, 촌로들은 바둑에 정신이 팔려 무슨 일이 벌어지는

선암사무화기감로왕도 세부 — 목이 좁아 스님들이 주는 감로가 아니면 물을 마실 수 없는 아귀는 화면에 휩싸여 있다. 호랑이에 물려 죽거나 불에 타 죽는 와중에도 누군가는 풍악에 맞춰 춤을 추고, 아낙은 아이를 챙긴다. 〈선암사무화기감로왕도〉는 18세기 조선 사회의 모습을 풍자적으로 잘 표현했을 뿐 아니라 극락세계에 다시 태어나기를 소망하는 당시 민초들의 마음도 잘 드러내고 있다. 선암사 성보박물관 사진 제공.

지도 모르고 있다. 남사당패들은 공을 던지고 물구나무서기를 하고 줄타기를 하는 등 온갖 재주를 부리고 옆에는 무희와 악사들이 자리 잡고 있으며 장고 가락에 맞추어 소리꾼들이 노래를 부른다. 이 연회에 어서 가려고 어린아이를 들쳐 업은 아낙네, 젖먹이는 여인뿐 아니라 앞 못 보는 사람도 어린아이를 앞세워 길을 재촉한다. 죽은 자를 위한 그림, 〈감로도〉는 이처럼 흥청거리는 삶의 약동으로 꽉 채워져 있다.

단비가 내리는 축제의 장 〈감로도〉

프라도미술관에 있는 보쉬Hieronymus Bosch의 환상과 엽기가 가득한 〈쾌락의 정원〉에 그려진 천국과 지옥의 모습과 달리, 〈감로도〉에 묘사된 죽음은 끔찍하기는 하지만 괴기스럽지 않고 삶 역시 소박하기 이를 데 없다. 아담과 이브의 원죄로 타락한 세상을 그린 〈쾌락의 정원〉은 죽음뿐 아니라 삶조차 혐오스럽고 기괴하게 묘사되어 있지만, 〈감로도〉의 세계에서 죽음은 방종과 쾌락에 대한 징벌이 아니라 삶의 한가운데에서 일어나는 일상적인 사건의 하나일 뿐이다. 죽음의 고통은 두려움을 불러일으키기 위해서가 아니라 구천을 떠도는 외로운 영혼에게 삶에 대한 집착을 놓아 버리도록 하기 위해 묘사된 것일 따름이다.

그러므로 불교에서 죽음의 길을 인도하는 자는 죽은 자를 억지로 끌고 가는 혐오스러운 해골이 아니라 삶과 죽음을 초월한 지고의 존재, 불보살이다. 하늘 길을 안내하기 위해 인로왕보살이 깃발을 높이 들고 화려한 천의를 하늘거리며 하늘에서 내려오고, 정수리의 광명으로 하늘 길을 훤히

쾌락의 정원 ─ 15세기에서 16세기 초 작품으로 왼쪽 패널의 에덴 동산에서 중앙의 쾌락의 정원, 오른쪽 패널의 지옥으로 이어진다.

밝히며 관세음보살과 대세지보살을 대동하고 아미타불이 직접 마중 나온다. 지옥이 다 비도록 중생을 제도하겠다는 저 신심 깊은 지장보살도 빠지지 않는다. 〈감로도〉 속의 세계는 그야말로 감로의 단비가 내리는 축제의 장이다.

'감로'를 영어로 번역하면 'Nectar', 신들의 음료이다. 늙지도 죽지도 않게 한다는 신비의 음료는 스님들의 수행 공덕이 아니면 마련할 수 없는 것! 그래서 스님들은 제단을 마련하고 걸개그림을 내다 걸고는 그 아래서 경을 읽고 바라춤을 추며 외로운 영혼들에게 불보살의 자비가 내리기를 청하고 산 자들은 온갖 음식을 마련하며 정성을 다한다. 주변에 음식이 지천이어도 먹지 못하는 아귀들에게 이 날은 잔칫날, 비로소 주린 배를 채우고 타들어가는 갈증을 풀 수 있다.

생각해 보면, 전통 사회에서 수륙재는 일종의 축제이다. 조용하던 마을에 북소리, 꽹과리 소리가 울려 퍼지면 북적북적 사람들이 모여들어 신나고 흥겨운 놀이의 한마당이 된다. 의식이 끝나면 동네사람들 모두 제주가 정성껏 마련한 제수 음식들을 맛볼 수 있으니 그야말로 동네 잔칫날이다. 스님들은 소고를 두드리고 징을 치면서 구성진 염불 가락으로 원혼들을 불러오고 아귀들은 음식을 얻어 허겁지겁 입에 넣거나 목마름을 참지 못하고 강물을 마신다. 제단 한편에는 제자들이 무릎 꿇고 지극정성으로 불보살의 자비를 청하니 하늘의 천신들과 불보살까지 내려와 그야말로 천상과 인간의 큰 잔치가 벌어진다.

산 사람은 정화되고 죽은 자는 새롭게 태어나다

삶이 빛나는 순간은 언제일까? 아마도 죽음과 대비되었을 때가 아닐까? 보들레르의 말처럼 죽음의 그림자에서 막 되돌아온 회복기 환자는 "겉보기에 하찮아 보이는 것까지 생생한 관심"을 쏟는 호기심이 가득한 어린아이처럼 모든 것을 새롭게 경험한다. 삶에 사로잡혀 있을 때에는 몰랐지만 "모든 것을 잊어버릴 기로에 서 있던 그는 모든 것을 열렬히 기억하고 싶어 한다." 이제 비로소 그는 삶이 발산하는 에너지를 더없이 감미롭게 들이마시고, 사물들을 직접 느끼고, 삶이 생생하게 토해 내는 기쁨에 도취된다.

〈감로도〉에서 삶은 죽음과 대비되어 더욱 생생하게 빛난다. 사실 따지고 보면 얼마나 많은 삶이 죽음에 기대어 있는가? 삶과 죽음은 서로 짝을 이루고 있는 것이 존재의 실상이 아닌가? 더 깊이 들여다보면, 산다는 것은 매 순간 죽어가는 것이다. 어느 날 불현 듯 죽음이 찾아오는 것이 아니라 늘 죽음과 함께 있는 것이 삶의 진실이다. 그러므로 비명횡사가 원통할 것 없고 병들어 죽는 것이 애통할 것 없다. 애당초 삶과 죽음은 하나였고 "세상에 왔을 때 무일물이었듯이 갈 때도 무일물"이니까.

『임간록』에 장사 경잠 스님이 어느 스님의 주검을 앞에 두고 그것을 어루만지면서 했던 설법이 실려 있다.

"대중들이여! 이 스님이야말로 참으로 여러분을 위하여 법을 보이셨도다. 알겠느냐?"

이어 게송을 읊었다.

눈앞에 아무것도 없고
여기 한 사람도 없다.
드넓은 금강의 몸이여
거짓도 참도 아니로다.

다시 한 수 읊었다.

금강의 몸을 모르고서
인연 따라 태어났다고 말하는구나.
어디나 참된 적멸인데

누가 살고 또 누가 죽었는가?

〈감로도〉에서 죽음은 그 자체로 종결된 사건이 아니라 다음 생으로 이어지는 과정이며, 나아가 삶을 약동하게 하는 용광로이다. 그 생명과 죽음의 이중주에서 산 사람은 정화되고 죽은 자는 새로운 삶으로 나아간다.

〈감로도〉와
상상력의 변천

〈감로도〉 속의 두 세계

'상상력'이란 실재하지 않는 허구를 만들어 내는 능력이다. 오랫동안 동서
양에서 상상력은 감정이나 직관 등과 함께 '오류와 허위의 주범'으로 취급
되었다. 하지만 상상력은 올바른 인식의 한 단계로, 미적인 인식의 하나
로, 나아가 불교 수행의 한 방법으로서 매우 중요한 마음의 능력이다. 최
근 들어 상상력이 창의성의 원천으로 재평가되면서 문학, 예술은 물론이
고 인문학, 사회과학, 심지어 과학기술 분야에서도 심심치 않게 그 중요성

▼ 흥천사감로도 — 풍속화적 성격 덕분에 일제강점기의 현실을 그대로 반영한 보기 드문 작품이지만 서양의 상상계에 의해
전통적인 상상계가 파괴되는 과정을 담고 있는 슬픈 역사의 기록이기도 하다. 흥천사 사진 제공.

을 거론하고 있다. 뒤랑^{Gilbert Durand}이 말하듯 "이미지, 허구, 전설, 신화, 상징 등으로 이루어진 상상계는 주관과 세계가 상호 작용하면서 이루어 낸 세계이며 각 문화가 삶과 세계에 부여한 관념과 의미들을 이해할 수 있는 통로"이다. 이런 이유로 초월적인 대상을 형상화해야 하는 종교예술에서 상상력은 더욱 중요하다.

상상계를 주제로 하는 일반 종교미술과 달리 죽은 이의 넋을 위로하는 수륙재에 사용되는 〈감로도〉는 상상계와 현상계의 두 차원이 공존하는 독특한 구성을 보여 준다. 〈감로도〉를 보면 실제 수륙재가 벌어지는 현실의 장면과 함께 불보살들과 아귀와 지옥 등 상상계를 한 화면에 보여 준다. 이렇게 서로 다른 세계를 동시에 보여 주기 위해 〈감로도〉는 화면을 수직으로 삼등분하는데, 그 경계를 오색구름으로 표시하거나 장면 전환을 통해 자연스럽게 구분하기도 한다.

그림의 중심, 즉 중단은 수륙재가 벌어지는 절 마당을 묘사한다. 깨끗이 치운 절 마당에 〈감로도〉 걸개그림을 세우고 그 앞에 그림에 묘사된 것과 똑같이 실제 시식대를 설치한다. 시식대 위에는 오색번을 길게 드리워 장식하고 향이나 초, 공양물을 올려놓아 현실 세계의 인간뿐 아니라 상상계의 존재들까지 초대한다. 그림은 마치 사진처럼 과거에 치러진 성대한 재의 기억을 불러온다. 의례가 진행됨에 따라 〈감로도〉에 재현된 불보살과 아귀, 지옥 등이 현실 세계로 스며들고 그림에서 일어났던 의례가 그대로 반복된다. 현실의 수륙재와 그림 속의 수륙재가 교차하며 반복되는 가운데 의례에 참여한 사람들의 의식 세계가 과거와 현재, 미래로 확장되고 천상과 지옥의 상상계가 눈앞에 펼쳐진다. 이처럼 〈감로도〉는 상상계와 현실

선암사무화기감로왕도 ─ 〈감로도〉에서 죽음은 그 자체로 종결된 사건이 아니라 다음 생으로 이어지는 과정이며, 나아가 삶을 약동하게 하는 용광로이다. 생명과 죽음의 이중주 속에서 산 사람은 정화되고 죽은 자는 새로운 삶으로 나아간다. 선암사 성보 박물관 사진 제공.

세계를 같이 펼쳐 놓음으로써 상상계를 현실 속으로 가져온다.

수륙재는 아난이 아귀에게 보시한 일화에서 시작된 것으로, 상상계와 현실계를 연결하는 중심에 아귀가 있다. 시식대 앞에 단독, 또는 쌍으로 그려진 아귀들은 주름이 깊게 파인 못생긴 얼굴과 휘둥그런 눈, 치켜 올라간 눈썹, 흰 수염, 화염을 내뿜는 입, 깡마르고 볼품없는 몸으로 엉거주춤 발우를 들고 합장을 하고 있다. 아귀는 바늘처럼 가는 목구멍 때문에 물 한 모금도 못 마시고 항상 굶주림에 허덕인다. 타들어가는 목마름 때문에 온

몸이 화염으로 불타오르는 아귀를 위하여 스님 한 분이 감로수를 흩뿌리고 제주들이 정성을 다해 공양을 올리고 불보살이 내려오기를 기도한다. 재를 마련한 사람들은 의례를 베푼 공덕으로 아귀들이 굶주림을 면하고 지옥의 고통에서 벗어난다고 믿었기 때문에 성대한 의식을 베풀 수 없을 때에도 그림 속의 오체투지 하는 사람들과 자신을 동일화하여 그림 속 의례의 공덕을 공유했다.

이들의 요청에 응하여 일렬로 나란히 천상에서 내려오는 일곱 여래의 위풍당당한 모습이 그림 상단을 꽉 채운다. 광박신여래廣博身如來는 여섯 범부의 미세한 몸을 버리고 청정한 허공의 몸을 깨닫게 하며, 이포외여래離怖畏如來는 붓다가 깨닫기 직전에 마라를 비롯한 훼방꾼들을 물리치고 성불한 것처럼 외로운 영혼들에게 두려움을 없애 주고 열반의 즐거움을 얻게 해준다. 붓다의 자비로 아귀들이 재물과 보배를 얻고 얼굴이 아름다워지고 목구멍이 넓어져서 두려움에서 벗어나고 보승여래寶勝如來의 자비로 인색했던 업을 없애고 복덕을 갖추어 악도를 버리고 뜻대로 더 좋은 곳으로 환생하며 감로왕여래甘露王如來의 자비로 뿌려주는 한 방울의 감로수에 몸과 마음이 청정해지고 즐거움을 얻는다. 다보여래多寶如來, 묘색신여래妙色身如來, 아미타여래 외에도 관세음보살과 지장보살의 모습과, 죽은 사람의 혼을 연화대로 데려갈 가마를 대동하고 인로왕보살이 깃발을 높이 들고 오색구름을 타고 내려오는 모습이 묘사되어 있다.

〈감로도〉의 천상 세계는 어떤 곳일까? 오색구름이 피어오르고 청록산수로 묘사된 기암괴석 사이로 폭포수가 흐르는 초월적이고 상서로운 곳, 천녀들이 천의 자락 휘날리며 자유롭게 날아다니는 곳, 바로 그런 곳이 옛사람들이 상상한 천상 세계의 모습이다. 극락세계는 세속적인 욕망으로 뒤엉킨 고통스러운 세계가 아니라 지장사 〈감로도〉에 묘사된 것처럼 신선들이 한가롭게 바둑이나 두면서 일 없이 유유자적 무위의 삶을 사는 곳이다.

직지사 〈감로도〉 상단에는 〈관무량수경변상도〉에 묘사된 극락세계가 보인다. 아미타불과 보살들이 화려한 누각에 있고 그 앞 연못에는 거대한 연꽃이 피어 있다. 법장 비구의 서원에 따라 만들어진 이 세계는 잘 조경된 누각과 연못으로 이루어진 인공적인 공간이다. 이처럼 묘사한 이유는 세상에서 가장 편하고 안락한 곳이 바로 집이기 때문이다. 집이 화려하고 온갖 즐거움이 있는 궁궐이라면 얼마나 좋을까? 극락세계를 궁궐로 상상한 데에는 사람들이 집에 대해 느끼는 감정이 투사되어 있다.

삶과 죽음이 교차하는 일상적인 장면과 지옥과 아귀가 묘사된 상상계가 함께 존재하는 〈감로도〉 하단은 복잡하면서도 에너지가 넘친다. 불교적 관점에서 아귀와 지옥은 실재하는 세계이지만 〈감로도〉에 묘사된 장면은 어디까지나 상상의 산물이다. 하지만 상상 속에는 뒤르켐Émile Durkheim이 지적하듯이 한 문화의 도덕적이고 종교적인 믿음뿐만 아니라 시공간을 지각하는 특별한 방식과 같은 근본적인 개념이 투영되어 있다.

전쟁의 기억은 가장 오랫동안 사람들의 뇌리에 남아 상흔을 남겼을 것이다. 남장사 〈감로도〉에는 임진왜란의 기억을 불러일으키는 전쟁장면을 중심으로 일상적으로 일어나는 죽음의 장면들과 지옥을 상징하는 장면들이 묘사되어 있다.

무리지어 법회에 모여든 아귀들이 빈 발우를 받쳐 들고 음식을 구걸하고 그 옆에는 음식을 받아들고 허겁지겁 입에 넣고 있는 아귀들, 배고픔을 참

남장사감로도 세부 — 1701년 탁휘 등 화승이 그린 감로도. 지옥문에서 목에 칼을 차고 있는 영혼과 끓는 물속에서 괴로워하는 영혼, 아이에게 젖을 물리는 여인 등이 보인다. 무엇보다 총에 맞서 칼과 활을 들고 전쟁을 하는 모습이 있다. 남장사가 위치한 상주는 1592년 임진왜란 당시 격전지로 수많은 사상자가 발생하였다. 백 년이 지났지만 당시 사람들이 가진 전쟁의 기억을 생생히 보여 준다. 남장사 사진 제공.

지 못하여 강물을 마시는 아귀, 강물에 떠내려가는 귀신들이 거칠고 서툴지만 매우 실감나게 묘사되어 있다.

특히 〈감로도〉에 그려진 지옥 장면은 풍부한 상상력을 보여 준다. 선암사 〈감로도〉에는 물이 펄펄 끓는 가마솥에 빠져서 허우적거리는 망령들을 묘사하고 있는데 근대 이후 인류가 경험한 잔인성과 비교해 본다면 유치하기 짝이 없지만 여기에 묘사된 고통은 매우 현실적이다.

옛사람들이 지옥을 전생의 악행에 대한 벌로 받아들였던 것은 조선 시대 실제 형벌을 받는 사람처럼 지옥의 망령들이 목에 형틀을 건 채 깊은 성곽에 갇혀 있는 모습으로 묘사한 것에서 알 수 있다. 사람들은 자신이 경험한 가장 고통스러운 경험을 지옥에 투사했다. 한번 갇히면 도망쳐 나올 수 없게끔 높고 튼튼한 성벽으로 둘러싸인 성곽, 그것도 용주사 〈감로도〉처럼 지옥불이 타오르는 성이라고 상상해 보라. 무시무시하지 않은가?

우학재단 〈감로도〉는 그 기발한 상상력 때문에 흥미롭다. 아귀의 입으로 묘사된 지옥문은 아귀의 가는 목과 타들어 가는 배 속으로 들어간다는 상상만으로도 고통이 느껴지는 듯하다. 지장보살이 지옥문을 활짝 열고 망령들을 구제하는 장면도 무척 인상적인데, 특히 용주사 〈감로도〉에서는 성문이 꽉 찰 정도로 많은 군중을 이끌고 나오는 모습이 묘사되어 있다.

상상에는 상징적인 의미가 숨어 있다. 끓는 가마솥은 화탕지옥을, 끝이 뾰족한 철침은 칼산지옥을, 형틀은 부자유를 상징한다. 타오르는 욕망과 분노 때문에 고통을 받는 곳은 화탕지옥이다. 서로 마음의 문을 닫고 가시 돋친 말을 내뱉을 때 그곳은 칼산지옥이 된다. 서로 미워하고 외면하면 냉기가 느껴진다. 몸과 마음을 얼어붙게 만드는 냉랭한 인간관계가 곧 한빙지옥이다. 굳이 저승에 가지 않아도 지옥은 우리 마음속에 있다. 은유와 상징에는 어떤 시대의 문화가 부여하는 삶과 세계에 대한 관념, 그리고 그들이 느낀 내면적 진실이 반영되어 있다.

놀랍게도 동서양미술에 공통적으로 죽음은 나체로 묘사되어 있다. "올 때 한 물건도 가지고 오지 않았고 갈 때 한 물건도 가지고 가지 않는다"는 말처럼 죽음이란 살아생전 소중하다고 생각했던 모든 것들이 무의미함을 적나라하게 드러낸다. 전근대사회에서 옷은 그 사람의 신분과 직위, 재산 따위를 표시한다. 죽음 앞에서 살아생전 누렸던 신분도, 재산도, 명예도 모두 의미가 없다. 이 근원적인 사건 앞에서 우리는 각자 벌거숭이의 자신을 만나지 않을 수 없다. 동서양에서 죽음을 나체로 표현한 것에는 이와 같은 심오한 통찰이 담겨 있다.

해체된 상상계, 흥천사 〈감로도〉

우리 조상의 상상 속에서 존재했던 상상계는 근대 문명을 만나며 빠르게 해체되어 버렸다. 요즘 우리에게는 우리의 전설보다 서양 신화가 더 익숙하다. 『삼국유사』의 처용보다 『일리아드』의 아킬레우스가 더 잘 알려져 있고 관세음보살보다 비너스를 더 아름답게 느낀다. 이처럼 우리의 의식 세계는 서양의 상상계에 점령되었다.

흥천사 〈감로도〉는 서양의 상상계가 전통적인 상상계를 대체하는 과정을 기록한 흥미로운 작품이다. 일제강점기에 그려진 이 그림은 음영법과 원근법 등 서양화 기법뿐 아니라 조선 시대 〈감로도〉에서 볼 수 없었던 새로운 도상이 등장한다. 〈감로도〉의 풍속화적 성격 덕분에 일제강점기의 현실을 그대로 반영한 보기 드문 작품이며 동시에 서구적인 상상력에 의해 전통적인 상상계가 파괴되는 과정을 담고 있는 슬픈 역사의 기록이다.

관아에서 심판을 받는 전통적인 장면과 법정에서 심판을 받는 근대적인 장면, 농악대와 서커스단, 조랑말을 타고 가마를 들고 가는 장면과 터널을 지나는 철도와 자동차 등등 일제강점기의 현실을 사실적으로 묘사하고 있다.

서양화 기법을 받아들여 파스텔 색조로 그려진 아귀들은 사실에 가깝게 표현하려는 노력이 보이지만 웬일인지 선명한 오방색으로 그려진 조선 시대 아귀들보다 생동감이 없다. 상상된 존재 중 하나인 전신電神 역시 서양의 악귀처럼 그려놓아 지금까지 보았던 〈감로도〉와 전혀 다른 느낌을 준다.

화면 곳곳에 전통적인 상상계를 바라보는 근대인의 시선이 발견된다. 한복을 입은 아낙네들의 무리와 그 옆에 서 있는 양복 입은 남성은 동양을 여성화하고 서양 근대를 남성과 등치시키는 오리엔탈리즘의 전형적인 시각을 보여 준다. 시식대를 향해 앉아 있는 상주들과 범패를 연주하는 스님들로부터 한 발짝 떨어져 그 장면을 바라보는 세 명의 아동과 두 남녀는 타자의 위치에서 수륙재를 관찰하고 있다. 짧은 머리에 반바지를 입은 소년과 짧은 치마저고리를 입은 두 소녀, 그 중 한 명은 단발머리하고 다른 한 명은 옛날식 그대로 머리를 땋고 있다. 그 옆에 중절모를 쓰고 양복을 입은 모던 보이와 짧은 스커트와 뾰족 구두로 멋을 낸 모던 걸은 전통적인 의상을 입고 있는 상주와 스님들이 의례에 집중해 있는 것과 대조적으로 의례에 참가하지 않고 곁에서 구경하고 있다. 그들이 한국인인지 일본인인지 알 수 없지만 그들에게 〈감로도〉의 세계는 이미 지나간 과거이며 그들의 세계와 아무 관계가 없는 타자로 인식된다. 특히 호주머니에 손을 찔러 넣고 한 발짝 떨어져 바라보는 모습은 전형적인 구경꾼의 태도이다.

조선 시대 〈감로도〉에도 수륙재를 구경하는 구경꾼들이 등장하지만 그들은 의식에 참가하거나 옆에서 진행되는 사당패 놀이를 구경하거나 모두 그 세계의 일원이다. 그들은 의식을 현재적인 사건으로 받아들이고 자기 세계의 일부로 인식한다. 그러므로 구경꾼도 함께 보고 즐기며 흥을 일으킨다. 심지어 한눈을 팔더라도 변함없이 그 세계 속에 있다.

흥천사 〈감로도〉에는 이러한 일체감이 결여되어 있다. 서커스 관람자들

흥천사감로도 세부 ─ 일제강점기에 조성된 〈감로도〉로 서양화의 기법을 차용할 뿐 아니라 당시 일본에서 들어온 신문물을 보여 주고 있어 주목되는 감로도이다. 기존 감로도에서 오색구름으로 자연스럽게 연결되었던 상상계와 현실세계가 연관성을 상실하고 조각조각 분리되어 있다. 호주머니에 손을 넣은 채 의식을 바라보는 남자는 근대와 전통의 괴리를 단적으로 보여 준다. 흥천사 사진 제공.

처럼 양복을 입은 자들은 무대 또는 수륙재 속으로 들어가지 못하고 객체의 위치에 있다. 서양 문물의 세례를 받은 근대인에게 전통적인 의례는 구시대의 유물에 지나지 않는다. 연행자와 관객 사이의 단절은 농악대에서도 확인할 수 있다. 그것은 근대적인 엔터테인먼트인 서커스처럼 관객에게 보여 주기 위한 것일 뿐이다. 빈 발우를 내밀고 있는 아귀도 그로테스크하게 변해, 과거의 희화화된 아귀들과 달리 외면하게 된다.

홍천사 〈감로도〉에는 비록 전통적인 도상이 남아 있지만 과거의 그림에 나타난 활기를 잃어버리고 하나의 세계로 통합되었던 전통적인 화면은 여러 개의 사각형으로 분할되어 있다. 기존 〈감로도〉에서 오색구름이나 장면 전환으로 자연스럽게 연결되었던 상상계와 현실의 세계가 연관성을 상실하고 파편화되어 있다. 홍천사 〈감로도〉는 한국 불교의 전통적인 의미, 곧 상상계가 서양 근대와의 충격적인 만남을 통해 타자화되고 고유한 의미들을 상실해 가는 과정의 한 단면을 보여 준다.

상상력, 공감의 능력

전통적인 〈감로도〉에 그려진 지옥이 실재한다고 믿는 사람들에게 그 세계의 구원은 절실한 문제였다. 반면 그 세계의 실재성을 의심하는 근대인에게는 지옥 중생을 구원하는 것 역시 남의 일일 수밖에 없다. 과학적으로 증명할 방법은 없지만 불교에서는 지옥, 아귀, 축생, 인간, 아수라, 천인의 육도六道가 있어 자신이 몸과 입과 마음으로 지은 업에 따라 그 세계를 오르락내리락하며 윤회한다고 믿는다. 근대적인 합리성에 비추어 본다면 상상에 지나지 않지만 우리 조상들은 그 상상계에 그들의 행복과 고통을 투사하고 희망과 구원을 꿈꾸었다. 설사 그 세계가 실재하지 않는다고 하더라도 그 심리적 현실성은 변함이 없다.

〈감로도〉의 세계가 전근대적인 기복의 대상으로 조롱을 받는다 할지라도 끝까지 내다 버려서는 안 될 한 가지는 바로 상상력이다. 상상력이 창의성의 원천이기 때문이 아니라 상상력이야말로 들뢰즈의 말처럼 "도덕적 선의 위대한 수단"이기 때문이다. "도덕의 요체는 자비심이다. 자기만의 세계에서 빠져나와 자기 것이 아닌 사상과 행위, 인격 속에 존재하는 아름다움을 발견하고 타인의 괴로움과 즐거움을 자신의 것으로 공감하지 않는다면" 도덕은 앙상한 의무 사항으로 바뀌고 말 것이다. 〈감로도〉의 상상력은 바로 타자의 것이라고 생각되는 고통을 자기의 것으로 끌어당겨서 동화시키는 힘이다. 그것이야말로 한 방울의 물로 세계를 구원할 수 있는 원천이기에 결코 포기해서는 안 될 우리의 소중한 유산이다.

반야용선과
악착보살

밧줄에 매달려서라도 가리라, 악착보살

찬란한 빛의 궁전, 화려한 보배로 장식한 누각, 난간에는 오색 깃발이 펄럭이고 보배로 만든 그물이 일곱 겹으로 드리워져 있다. 금모래가 깔려 있는 칠보의 궁전 연못에는 여덟 가지 공덕의 물이 가득 차 있고 그곳에 갖가지 색깔의 연꽃이 피어 저마다의 자태를 뽐낸다.

그곳으로 가는 유리로 된 투명하고 평탄한 길을 걷고 있노라면 빛을 반사하며 반짝이는 나뭇잎 사이로 향기로운 바람이 불어오고, 여의도 윤중제 때 흩날리는 벚꽃처럼 하늘에서 꽃비가 내린다. 고개를 돌리면 가릉빈가처럼 진귀하고 아름다운 새들이 천상의 음악을 노래하는 모습이 보이고, 그 노래를 듣는 자는 깊은 평화와 환희 속에서 세상의 모든 괴로움을 잊어버린다.

만약 누군가가 그곳으로 데려다주겠다고 한다면, 그것도 어릴 적 엄마 아빠 손잡고 탔던 놀이동산 기구같이 신나고, 크루즈선보다 더 화려한, 하늘을 마음대로 나는 용 모양의 호화로운 쾌속 여객선을 타고 간다면, 얼마나 신날까? 모두가 기다리는 여행, 늦지 않도록 서둘러야 하리라.

예약한 사람들이 모두 승선하면 배는 떠날 것이다. 뱃머리에 선 뱃사공은 돛을 높이 세우고 방향타를 서쪽으로 돌려 출발을 서두르고, 순조로운 항해를 예견하듯 시원한 순풍이 불어온다. 기쁨에 들뜬 승객들은 어서 출발하기만 기다리고 있다.

"어서 배를 타시오."

"다 탔습니까?"

어수선한 부두에서 내가 탈 배를 놓치지 않으려면 정신을 바짝 차리고 있지 않으면 안 된다. 잠깐 한눈을 팔다간 놓칠지도 모른다.

지난번 항해 때는 어느 여인이 가족들과 작별인사 하느라 잠시 지체하여 배를 타지 못한 일이 있었다. 언제나 이처럼 허둥거리다가 배를 놓치는 사람이 있기 마련이다. 뒤늦게 소리를 질러 보았으나 이미 떠난 배를 되돌릴 수 없었다. 다행히 자비로운 뱃사공이 던져 준 밧줄을 용케 붙들어 밧줄에 대롱대롱 매달려 서쪽나라까지 갔다고 한다. 용맹심과 끈기가 대단했던 그 여인은 십만 억 나유타^{那由他} 국토를 지나가는 긴 여행 내내 악착스럽게

▶ **운문사 대웅전 악착보살** ─ 운문사 대웅전 천장에 매달려 있는 악착보살. 반야용선을 놓쳐 뱃사공이 던져 준 밧줄에 매달려 악착같이 극락세계를 향해 갔다고 한다. 수행자들에게 악착같이 수행하라는 경책의 뜻도 담고 있다.

밧줄에 매달려 버텼다고 한다.

모두 행복한 여행, 그 여인이 그토록 악착같이 가려고 했던 그곳, 그곳이 우리가 죽음 이후에 가는 곳이라면? 생과 사의 갈림길에서 두려움에 떨고 있을 때, 누군가가 다가와 나직한 목소리로 신나는 여행을 예약해 두었다고 속삭인다면?

불교에서 죽음은 이처럼 밝고 건강하며 때로 익살스러운 이미지로 가득차 있다. 아미타불이 서원을 세워 만들어 놓은 서방 극락정토까지 반야용선을 타고 가는 여행. 얼마나 즐거우면 나라의 이름을 즐거움이 있는 곳, '극락'이라고 했을까? 대성인로왕보살이 앞장서 길을 안내해 주고 아미타불이 관세음보살과 대세지보살을 비롯한 여러 보살들을 대동하고 맞이하러 온다. 얼마나 중생을 어여뻐 여겼으면 직접 마중 나오기까지 할까?

청정한 즐거움의 나라

가장 불안하고 가장 두려움에 떠는 순간을 위하여 불교는 가장 아름다운 세계를 준비해 두었다. 그것은 다름 아니라 아미타불의 영토, 극락세계이다. 아미타불이 전생에 법장 비구였을 때 마흔여덟 가지의 서원을 세워 만든 것으로, 안양국, 즉 편안한 나라라고도 하고 정토, 즉 청정한 땅이라고도 부른다. 아미타불의 세계는 보기에도 아름다운 곳이다. 왜냐하면 아미타불이 전생에 수행할 때 삼계三界(욕계, 색계, 무색계)의 모습이 더럽고 탁한 것을 보고 그것이 마음 아파 특별히 맑고 아름다운 세계로 만들었기 때문이다.

일반적으로 감각적인 것은 마음을 흩트리는 미혹의 원인으로 여긴다. 따라서 노자의 『도덕경』에서는 아름다운 소리는 귀를 먹게 하고 아름다운 모습은 눈을 멀게 한다고 하여 경계한다. 그러나 극락정토에서는 감각적인 즐거움조차 법의 즐거움으로 바뀐다. 그곳에서는 아름다운 새소리를 듣고 감각적인 쾌락에 빠지는 것이 아니라 오히려 깨달음을 얻는다. 왜냐하면 그곳에는 욕망이 없기 때문이다.

극락정토는 감각적 즐거움이 있더라도 욕망이 없기 때문에 욕계欲界가 아니며, 여러 가지 궁전과 누각, 나무와 땅, 연못이 건설되어 있는 지상의 세계이기 때문에 하늘 세계인 색계色界가 아니다. 또한 소리와 형상, 향기, 감촉이 존재하는 감각의 세계이므로 무색계無色界가 아니다.

하지만 그 세계는 끝없이 윤회를 계속하는 변화하는 세계, 거짓된 세계가 아니라 맑고 청정하며 진실한 세계이다. 그리고 이 세계에 태어난 중생은 다시는 삼계의 고통의 바다, 윤회의 세상에 태어나지 않기 때문에 근본적으로 삼계의 제약을 벗어나 있다.

이처럼 삼계의 제약을 벗어났기 때문에 청정한 이 국토는 끝없이 넓다. 허공처럼 한계가 없기 때문에 이 정토에 궁전과 누각을 얼마든지 지을 수 있으며 아미타불이 자비의 마음으로 만든 곳이므로 모든 중생을 다 받아들일 수 있다. 몸만 겨우 누울 정도지만 문수보살을 비롯한 수많은 보살들과 천인들이 다 들어갈 수 있는 유마 거사의 방처럼 병들어 아픈 중생, 죽음의 두려움에 떠는 중생을 모두 받아들여도 비좁지 않다. 극락정토는 중생을 받아들이면 받아들일수록 계속 확장한다.

또한 이곳은 아미타불의 청정하고 밝은 지혜가 가득 찬 빛의 나라이다.

이 나라의 궁전과 누각, 연못, 나무 등등 온갖 사물이 보배로 장식되어 있듯이 모든 중생의 마음도 보석과 같이 빛난다. 이와 같이 밝고 청정한 마음에 세상의 만물이 비춰지면 그 세상도 마찬가지로 밝고 깨끗하게 빛난다. 마치 하늘의 달이 천 개의 강을 비추듯이 맑은 마음에 비춰지는 세상의 모든 것은 차별이 없이 밝게 빛난다.

보석처럼 빛나는 이 세상 사람들은 마음이 부드러워서 만나는 사람마다 즐거움과 기쁨을 얻는다. 부드러운 풀이 바람이 불기도 전에 바람보다 먼저 눕듯이 청정한 마음은 중생의 인연과 근기根機에 맞추어 즐거움을 준다.

여러 가지 꽃들이 한데 섞여 피어나더라도 조잡하지 않고 서로 어울려 더욱 아름답듯이 서로 다른 근기와 인연을 지닌 중생들이 함께 섞여 살지만 여러 가지 빛을 발하는 꽃처럼 서로 아름답게 조화를 이루고 있다. 서로서로 무한한 보배의 그물처럼 연결되어 있으며 그 그물에 달려 있는 구슬이 부딪힐 때마다 맑고 아름다운 소리를 내듯이 이 세상의 중생들이 서로 아끼고 사랑하는 마음은 법의 음악처럼 아름답고 조화롭다.

하늘에서 내리는 하늘 꽃과 하늘 옷, 하늘 향은 세상을 향기롭게 하고 아미타불의 지혜의 밝은 빛은 이 세계를 환하게 비추어 조금도 어두운 곳이 없다. 그렇듯 중생의 마음도 언제나 밝고 환하여 부정적인 생각이 전혀 없으며, 범음梵音으로 설법하는 목소리가 항상 온 세계에 울려 퍼진다.

아미타불이 무량한 겁 동안 수행한 훌륭한 공덕, 무한한 자비로 만든 이 세상, 여래가 가는 곳마다 청정한 꽃이 피어난다. 그와 마찬가지로 이 세상의 중생들도 또한 붓다의 법미法味를 만끽하고 선열禪悅로서 밥을 삼아서 몸과 마음의 고통을 완전히 극복한다. 항상 즐거움이 넘치는 이곳에는 이승二乘이나 여인이나 장애자라는 이름을 들어 본 적이 없으며 중생의 모든 욕망과 즐거움을 마음대로 하더라도 늘 흡족하여 만족하지 못함이 없다.

이와 같이 열일곱 가지의 청정한 공덕으로 성취된 극락정토는 불자들이 가고 싶어 하는 이상향, 유토피아이다. 그곳은 고통을 지니고 아직 충분히 수행하지 못한 중생까지 받아 주는 자비의 땅이다.

불교에서 미적인 것은 세속적인 즐거움이 아니라 중생의 아픔을 거두어 주고 두려움을 덜어 주는 자비의 방편이다. 지극한 즐거움의 세계는 붓다와 보살들만이 즐기는 그들만의 세상이 아니라 헐벗고 고통 받는 중생들마저 껴안은 우리들의 세상이다.

"만약 보살이 정토를 얻고자 한다면 실로 그 마음을 청정하게 하라. 그 마음이 청정하면 불국토도 청정하다"는 『유마경』의 가르침처럼 청정한 세상, 정토를 만들려고 한다면 청정한 마음, 올곧은 마음을 가져야 한다. 따라서 불교에서 미적인 것은 자리와 이타의 어울림이며 청정하고 맑은 세상을 가져오는 방편이다.

극락으로 가는 반야용선

아미타불이 망자를 맞이하러 오는 모습을 그린 그림을 내영도來迎圖라고 한다. 리움미술관이 소장하고 있는 국보 제218호 고려 시대 〈아미타삼존도〉 〔아미타여래삼존내영도〕는 경전의 설명에 잘 맞게 묘사되어 있다. 관세음보살과 지장보살을 대동하고 수행자를 맞이하러 오는 아미타불의 이마에 있는 백호로부터 밝은 빛이 흘러나와 마치 조명을 비춘 듯 망자를 비추고

통도사 용선접인도 — 갓을 쓴 선비, 아낙네, 수행자 등 다양한 신분의 사람들이 합장한 채 앉아 있다. 누구든지 배를 타기만 하면 모두 극락으로 데려가 준다는 반야용선 이야기는 일반 백성들에게 더 큰 호소력이 있었다. 뱃머리의 용과 배 아래의 파도와 연꽃이 인상적이다.

있고 관세음보살이 허리를 굽혀 준비해 간 연꽃 대좌를 그에게 내밀고 있다. 미소년같이 앳된 모습의 지장보살은 보주를 들고 뒤에서 조용히 지켜보고 있다.

　일반적인 고려 불화와 마찬가지로 이 그림은 얼굴이 정면상을 하지 않고 화면 한 구석에 있는 예배자를 향해 측면상을 하고 있다. 이 구도 덕분에 그림을 보는 관람자는 자연스럽게 그림 속의 이야기로 들어가게 된다. 마치 관람자 자신이 구석에 선 인물이 된 것처럼 아미타불이 든든하게 지켜 주고 관세음보살이 자비롭게 받쳐 주는 그 길을 아무 걱정 없이 갈 수 있을 것만 같다. 단 한 사람의 중생을 위해서도 거룩한 세 불보살들이 수고로움을 마다하지 않는 그 위풍당당하면서도 무한히 겸허한 모습은 붓다의 자비를 보여 준다.

반야용선은 수행을 하지 않더라도 극락정토로 갈 수 있는, 한 명만 아니라 여러 명을 함께 데려가는 좀 더 손쉬운 해결책을 제시해 준다. 불교가 쇠퇴했던 조선 시대에는 염불수행이 대중화되었으므로 아미타불의 구제를 직접적으로 보여 주는 〈반야용선도〉가 많이 그려졌다. 누구든지 배를 타기만 하면 모두 극락으로 데려가 준다는 반야용선 이야기는 종교적 수행을 하기 어려웠던 일반 백성들에게 더 큰 호소력이 있었다.

반야용선을 타고 가는 모습은 통도사에 소장된 〈용선접인도〉와 김해 은하사, 신륵사, 안성 청룡사에도 남아 있다. 큰 범선에 돛대를 높이 달고 출발하는 반야용선 중앙에 작은 바람막이 막사가 있는 경우도 있지만 누각같이 큰 건물이 있는 경우도 있다. 앞뒤로 인로왕보살과 관세음보살이 서서 보호하는 모습이고 배를 탄 사람들은 남녀노소 빈부귀천을 따지지 않는다.

아예 법당이 곧 세상에서 고통 받는 중생을 깨달음의 세계로 안내하는 배이기 때문에 '법당이 곧 반야용선'이라는 생각을 적용시킨 경우도 있다. 해남 미황사 대웅전은 기단부터 천장까지 반야용선의 모티브가 반영되어 있다. 주춧돌에 새겨진 거북과 바닷게의 문양은 반야용선이 떠 있는 바다를 상징하고, 건물 내부의 들보에 그려진 불보살들은 배를 타고 가는 중생을 호위한다. 건물 밖으로 뻗어 나와 서쪽을 바라보는 두 개의 용머리는 서방정토를 향해 나아가는 반야용선의 뱃머리를 상징한다. 특히 미황사는 불교가 바닷길로 들어왔다는 설을 뒷받침하는 사찰로서, 부도탑에 새겨진

미황사 대웅전과 부도탑 — 법당
이 곧 반야용선인 경우도 있다. 땅
끝마을 해남에 위치한 미황사 대
웅전 주춧돌에는 게와 거북이 새
겨져 있고, 대웅전 현판 양 옆에
는 용이 있다. 바다 위에 떠 있는
법당인 셈이다. 부도탑에도 게,
거북이, 물고기를 비롯한 다양한
바다 생물들이 새겨져 있다.

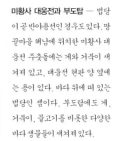

바다 상징물들과 함께 대웅전의 반야용선 모티브는 그런 점에서도 의미가 깊다.

반야용선에 타지 못해 밧줄에 매달려 가는 악착보살의 모습은 운문사 대웅보전과 영천 영지사 대웅전에서 볼 수 있다.

3 —

불교예술 속의 인간학

나한상과
〈라이프 오브 파이〉

닮음, 진짜 같은 가짜

동서양을 막론하고 오랫동안 예술 작품의 비평 기준은 "대상을 얼마나 닮게 그리느냐"였다. 예술 작품과 그 원본이 된 실제 사물 사이의 관계를 서양에서는 '미메시스'라고 부르며 동양에서는 '사似(닮음)'라고 했다. 그러나 이 개념들의 차이는 크다. 무엇보다 동양에서는 대상의 외관을 유사하게 그린 것을 '형사形似'라고 하고 대상의 정신성이나 기운을 생동적으로 그려낸 것을 '신사神似'라고 구별한다. 그리고 전자보다 후자를 높이 평가하는

◀ **운문사 오백전** ─ 붓다가 없는 세상에서 우리 곁을 지켜 주는 존재인 나한은 붓다와 인간의 중간쯤 되는 존재로 다른 불상들과 달리 인간적인 특징이 투사되었다. 붓다의 오백제자 각각이 평범한 외모에 얼굴 표정이나 자세도 저마다 다르다.

데, 서양 미학에는 이러한 구별이 없다.

그렇다면 아예 예술 작품의 대상이 실존하지 않는 종교예술 작품은 무엇을 모방의 대상으로 삼을 수 있을까? 신화적 인물이나 초인간적인 대상을 묘사한 종교적 도상에 대해서도 '미메시스'나 '사'라고 하는 비평 개념을 적용할 수 있을까? 나아가 과학과 상식에 대한 강력한 믿음을 바탕으로 형성된 현대사회에서 볼 수도 없고 만질 수도 없는 대상을 재현하는 종교예술이 허무맹랑하지 않다면 어떤 의미를 가질 수 있을까?

붓다의 제자로서 나한羅漢(아라한의 준말)은 역사적으로 실존했던 인물들이지만, 동아시아에서 신앙의 대상이 된 나한은 실존하지 않는 공상적인 존재이다. 무병장수와 부귀영화를 보장해 주고, 신통력을 발휘하는 까닭에 영험 있는 존재로 인식되어 단일한 신앙의 대상으로 모시거나 '십육나한', '십팔나한', '오백나한', '1천2백나한' 등 집단적으로 신앙의 대상이 되기도 한다. 이러한 숫자에 따라 나한을 모시는 전각을 독성각獨聖閣, 십육

◀▲ 거조암 영산전 오백나한 — 나한은 세상 사람들이 소중히 여기는 예의범절이나 고상한 취미, 뛰어난 학식과 진지한 교양마저 하찮게 여기고 마음 내키는 대로 걸림 없는 삶을 산 자들이다. 옛사람들은 나한의 비범한 신통력도 숭배했지만 탈속적인 모습에 더 매료되었던 것은 아닐까?

전, 오백전 등의 이름으로 부른다.

　나한신앙은 당나라 때 성행했으며 우리나라에서는 고려 시대에 크게 흥성했다. 고려 때에는 비를 내리거나 외적의 침입을 막아 달라고 왕이 친히 나서서 나한재를 올렸다는 기록이 있으며 조선의 태조 이성계도 국왕이 되기 전에 나한 기도를 올렸다고 한다.

　놀랍게도 이런 나한들을 형상화한 〈나한도〉에 대한 옛사람들의 글에 '핍진하다', '살아 있는 것 같다'라는 표현이 자주 보인다. 1618년 양양부사 정엽鄭曄이 금강산 유람을 마치고 쓴 『금강록』에는 금강산 장안사에 모셔진 나한상이 "그 모습이 각각 다르고 자세가 기이하지만 아름답거나 추한 모습이 극진하여 묘하기가 승려의 모습을 조각한 것처럼 여겨진다"는 기록이 남아 있으며, 조선 후기 예림의 총수였던 강세황姜世晃이 1788년 금강산을 유람한 후 남긴 『유금강산기』에도 장안사의 나한상에 대한 감회가 기록되어 있다. 그 기록에 따르면, 당시 장안사는 이미 쇠락했으나 "이른바 사성전에는 흙으로 빚은 십육나한상이 있는데, 교묘하기가 입신의 경지에 들었으며 완연하게 살아 움직이는 듯하였다. 모두 처음 보는 것이었다"라고 한다. 김창흡金昌翕의 『남유일기』에도 나한상이 "극히 정교하고 오묘하며 빽빽이 늘어 서 생기가 있었다"는 표현이 나온다.

실존하지 않는 종교적 도상에 대하여 '살아 움직이는 듯하다', '생기가 있다'라는 말은 잘 맞지 않는다. 엄격히 말해 상상의 산물에 불과한 나한상에 대하여 옛날 사람들은 어떻게 살아 있는 것 같다고 생각했을까? 그들은 나한도를 그릴 때 어떤 존재를 그렸을까? 상상 속의 나한을 그렸을까, 아니면 그들만 볼 수 있는 특별한 나한이 있었을까?

자유와 개성, 익살과 친근함까지
세상을 초월한 자, 나한

미술사 연구에서 나한상은 도교와 불교의 종교적 인물을 그린 도석인물화로 분류된다. 중국에서 나한상은 남북조 시대부터 그려지기 시작하여 수나라와 당나라 시대에 상당히 많은 수의 나한도가 그려졌다. 위진남북조시대, 유송劉宋의 법현法顯 스님과 법경法經 스님이 처음으로 나한상을 조성했다고 하며, 현존하는 북송 시대 나한도 중 가장 유명한 것은 일본 경도의 청량사에 소장되어 있는 〈십육나한도 16폭〉으로, 현존하는 〈십육나한도〉 중 가장 오래된 것으로 알려져 있다.

도석인물화는 주로 종교적 용도로 제작되었지만, 오대五代 이후에는 불상이나 보살상보다 나한상과 관음상이 더 많이 제작되었으며 종교적 용도보다 감상용으로 많이 그려졌다. 특히 나한상은 직업화가나 승려화가뿐 아니라 문인화가들도 즐겨 그렸는데, 송대 문인화가였던 이공린李公麟의 나한도가 유명하다.

불상을 조성할 때에는 경전에서 규정하는 대로 32상 80종호의 도상을 그리고 고타마 싯다르타의 왕자라는 신분 때문에 외관은 왕족 또는 귀족의 모습으로 묘사했다. 붓다의 제자인 나한의 경우, 특별한 도상학적 근거가 알려져 있지 않다. 하지만 붓다가 없는 세상에서 우리 곁을 지켜 주는 존재인 나한은 붓다와 인간의 중간쯤 되는 존재로 받아들였던 만큼 다른 불교 도상들과 달리 인간적인 특징을 투사할 수 있었다. 평범한 외모에 얼굴 표정이나 자세도 열여섯 명, 때로는 오백 명이 각각 다르다.

독성각에 모셔져 있는 나반존자(빈두로존자)의 경우, 『아육왕경』에서 "백발이 성성하고 얼굴을 덮을 만큼 긴 눈썹을 가지고 있다"고 묘사한 것이 전범이 된 것으로 보인다. 혼탁한 말법末法 세상을 지키며 불로장생하기 때문에 백발의 나한은 중국에 들어온 다음 도교의 신선과 닮은 모습을 보여 준다. 명나라 때 왕세정은 이공린의 〈나한도〉를 보고 나반존자의 눈썹이 무릎을 지나 방석까지 닿는다고 기록하고 있다. 중년의 나한은 대부분 두텁고 짙은 눈썹과 풍부한 턱수염이나 콧수염을 하고 있고, 청년의 나한은 눈썹이 가늘고 수염도 매우 짧고 머리도 짙게 채색하였다.

오백 나한 중에는 염주, 죽비, 또는 금강저를 들고 있거나 무릎을 꿇고 과일을 올리는 나한, 두건을 쓰고 선정에 든 나한이 있는가 하면, 경을 읽거나 붓과 두루마리 책을 손에 들고 있는 나한, 호랑이 등에 턱을 괴고 있는 나한, 등을 긁거나 하품을 하고 있는 나한, 거울을 든 나한, 부채를 든 나한, 꽃을 든 나한 등 오백 명의 나한이 제각각 서로 다른 표정과 자세를 취하고 있다.

이와 같은 개성과 다양성은 여타 불상에서는 찾아볼 수 없던 것으로, 원형이 존재하지 않기 때문에 더 자유롭게 상상력을 발휘할 수 있었다. 실제 스님, 특히 덕이 높아 존경을 받는 조사스님을 모델로 했을 가능성도 있어 매우 흥미롭다. 명대 진계유陳繼儒가 지은 『이고록』에는 오대의 승려화가인 관휴가 그린 〈십육나한도〉 중 〈나고나존자〉 1폭이 관휴의 자화상이라는 이야기가 기록되어 있다. 바로 그런 이유 때문에 부리부리한 눈과 큰 코를 가진 서역에서 건너온 실제 스님의 모습을 재현한 나한상을 종종 볼 수 있다. 관휴의 〈십육나한도〉는 소박하면서도 세상을 초월한 듯한 나한의 개성을 잘 살렸기 때문에 후대 나한화의 전범이 되었다.

이 같은 이유로 나한도의 사실성을 논하는 것이 가능해 보인다. 하지만 기괴하게 과장된 얼굴과 백발, 긴 눈썹과 같은 것들은 아무리 나한의 비범하고 초월적인 특징을 재현하기 위한 표현이라고 해도 사실성과 거리가 멀다. 심지어 호랑이에 기대거나 드러누워 있거나 등을 긁는 모습이 세간사를 초탈한 나한의 신통 자재를 표현한다고 생각되지만 종교적 숭배의 대상으로서 어울리지 않는 것은 물론, 현실적으로도 가능하지 않은 모습이다. 그렇다면 옛사람들은 이 도상이 '살아 있는 듯하다'고 생각한 것처럼 나한이 실존한다고 믿었던 것일까?

환상과 사실의 경계

과학과 상식은 눈에 보이고 합리적으로 이해되는 것들만 사실로 인정한다. 얀 마텔의 동명소설을 원작으로 한, 망망대해에서 조난당한 한 청년과 호랑이의 표류 이야기를 그리고 있는 영화 〈라이프 오브 파이〉는 우리가 생각하는 '사실성'에 대하여 다시 생각해 보게 한다.

태평양 한가운데에서 조난당한 인도 청년 파이는 가족을 잃고 홀로 살아남아, 작은 구명보트에서 아버지의 동물원에서 기르던 오랑우탄, 얼룩말, 하이에나, 그리고 벵골호랑이 리처드 파커와 함께 표류하게 된다. 곧 하이에나가 얼룩말과 오랑우탄을 잡아먹고 다시 파이를 공격하려는 순간, 갑자기 나타난 호랑이의 밥이 되고 만다. 겨우 목숨을 부지하게 되었지만 작은 구명보트에 호랑이와 함께 남게 된 어처구니없는 상황이라니! 호랑이와 파이는 어떻게 이 구명보트에서 살아남을 수 있을까?

파이는 구조된 뒤 일본인 선박회사 직원들에게 그가 작은 구명보트에서 호랑이와 함께 지냈으며 아름다운 식인섬에 갔었다는 이야기를 해주지만 그들은 믿지 않는다. 환상적이고 감동적인 이야기이지만 누가 그 이야기를 믿을 수 있을까?

3D 영화로 보는 〈라이프 오브 파이〉의 별빛에 빛나는 바다와 고래, 식인섬의 환상적인 장면은 영화사에 남을 만큼 아름답고 매혹적이지만 호랑이

와 식인섬의 이야기는 합리적인 지성을 가진 사람이라면 도저히 사실로 받아들일 수 없다. 과연 파이는 구명보트에 호랑이와 함께 있었을까? 식인섬은 실제로 존재했을까? 파이의 조난 이야기는 그의 환각이 아닐까?

그래서 파이는 그들에게 믿을 수 있는 다른 이야기를 들려준다. 동물들 대신 프랑스 요리사와 다리를 다친 일본인 선원, 그리고 파이와 그의 엄마 이야기로 들려준다. 요리사가 선원을 죽이고 그 다음 엄마를 죽인다. 그것을 보고 분노한 파이가 요리사를 죽이고 그의 시체를 먹으며 살아남았다는 새로운 이야기는 동물들이 등장하는 이야기와 달리 믿을 만하지만 잔인하고 슬프다. 이전 이야기에서 아름답게 묘사되었던 식인섬도 파이가 식인에 대한 죄의식을 은폐하는 수단이 되어 버린다.

우리가 믿을 수 있는 사실은 파이가 가족을 잃고 망망대해를 떠돌며 고통의 시간을 보냈다는 것뿐이다. 파이는 자신의 이야기를 사람들에게 두

완주 송광사 나한전 — 1656년에 지은 것으로 전라북도 유형문화재 제172호. 노년의 나한은 백발이 성성하고 얼굴을 덮을 만큼 긴 눈썹을 가지고 있지만, 청년의 나한은 눈썹이 가늘고 수염도 짧으며 머리도 짙게 채색하였다.

가지로 들려주었다. 하나는 아름답고 환상적이지만 믿기 힘들고, 다른 하나는 그럴듯하지만 삭막하고 잔인한 현실을 그대로 보여 준다. 믿기 어렵지만 아름답고 감동적인 이야기와 믿을 만하지만 잔혹한 이야기. 영화는 어떤 이야기가 사실인지 말하지 않고 관객에게 선택을 맡긴다.

놀랍게도 영화 자체는 공상적이지 않다. 환상과 과학 사이에서 절묘하게 균형을 유지한다. 영화는 처음부터 호랑이와 인간의 우정을 말하지 않으며, 호랑이의 야수성과 인간 파이의 지성을 파이의 무의식과 의식에 대한 이야기로 해석할 여지를 열어 놓는다. 한편으로 파이는 순수하게 신을 믿고 호랑이와의 소통을 꿈꾸지만, 다른 한편으로 아버지가 가르쳐 준 과학과 합리적 지성, 그리고 구명보트에 준비된 비상구조용 책자에 나온 매뉴얼에 따라 물고기를 잡고 호랑이를 길들이며 조난에서 살아남는 방법을 찾아간다. 영화는 우리에게 파이의 이야기를 믿을 만한 것으로 만들려고 애쓰기보다 우리가 믿고 있는 '사실'에 대하여 이야기한다. '사실'이 거기 있는 것일까, 아니면 우리가 선택하는 것일까?

예술 작품에서 '사실'은 궁극적으로 가짜 현실이지만 그럼에도 불구하고 우리는 그것을 사실이라고 믿는다. 아리스토텔레스의 『시학』에서 "시가 역사보다 더 진실하다"고 말했던 까닭은 시가 실제 사건보다 더 '그럴듯하기^{verisimilitude}' 때문이다. 그런데 아리스토텔레스가 말한 '그럴듯함'은 객관적인 것이 아니라 어떤 것을 실제라고 믿는 우리의 믿음이다. 그 믿음 때문에 우리는 다른 세계를 경험할 수 있다. 종교적인 경험도 비슷하지 않을까? 한편으로 호랑이를 길들이고 낚시를 하는 과학적 지식이, 다른 한편으로 호랑이와 친구가 되고 식인섬이 존재한다는 믿음이 파이의 생명을 구한 것처럼, 과학도 종교도 '사실성'의 근거는 믿음이다.

여러분은 어떤 이야기를 선택할 것인가?

일逸의 미학

동아시아의 옛사람들은 역사적인 나한의 이야기보다 전설적인 나한의 이야기를 선택했다. 그들은 바위에 걸터앉았거나 나무 아래 쉬고 있는 현실적인 나한을 그리기도 했지만 호랑이를 타거나 용을 안고 있는 공상적인 모습으로도 그렸다. 그러면서도 그 모두가 '매우 생동적'이라고 믿었다.

미황사 도솔암 후불탱화 — 다리를 꼰 채 눈을 치켜뜬 나한상은 다른 나한도에도 등장하는 도상이지만 이 그림에서는 본존불 바로 아래 배치하는 독특한 구성 때문에 마치 본존불을 째려보는 듯한 인상을 준다. 이 불경스럽고 도발적인 나한을 보고 있으면 불교의 정신, 조사의 가풍이 얼마나 격이 없고 걸림이 없는지 감탄하게 된다.

세상 바깥에 사는 사람들, 즉 격외格外의 인물인 나한은 세상 사람들이 소중히 여기는 예의범절이나 고상한 취미, 뛰어난 학식과 진지한 교양마저 하찮게 여기고 마음 내키는 대로 자유롭고 걸림 없는 삶을 산 자들이다. 옛사람들은 나한의 비범한 신통력도 숭배했지만 나한의 이런 탈속적인 모습에 더 매료되었던 것은 아닐까?

중국에서 만들어진 나한상은 종교적 엄숙성보다 '파격'을 택했다. 나한상 중에는 동굴에서 수행하는 두건을 쓴 진지한 수행자의 모습도 있고, 단정한 자세로 합장하고 서 있는 예배자의 모습도 있고, 진지한 표정으로 경전을 읽는 학자풍의 나한상도 있다. 하지만 바위에 기대어 쉬거나 두 팔을 크게 뻗으며 하품을 하거나 꾸벅꾸벅 졸기도 하고 등을 긁거나 귀를 후비며 하는 일 없이 세월이나 보내는 한량의 모습도 보인다. 그들의 풀어 헤친 옷섶과 불룩 튀어나온 배에서 수행자다운 품위를 전혀 찾아볼 수 없으며, 크게 웃거나 곁눈질하며 헤죽헤죽 장난기 가득한 웃음을 머금고 있는 모습에 위엄이라곤 조금도 없다. 심지어 미황사 도솔암 후불탱화에 그려진 나한은 본존불을 째려보는 인상을 주기도 한다. 홍국사에 이와 비슷하게 묘사된 나한이 있지만 단지 눈을 위로 치켜뜬 것일 뿐 불경스러워 보이지 않는다. 이 불경스럽고 도발적인 나한을 보고 있으면 불교의 정신, 조사의 가풍이 얼마나 격이 없고 걸림이 없는지 그저 감탄하게 된다. 옛사람들은 이와 같이 유위와 무위를 자유롭게 넘나들며 세상의 격식을 하찮게 여기고 종교적인 엄숙성마저 던져 버린 모습을 '일격逸格'이라고 하여, 동아시아 정신세계가 도달한 최고의 단계로 칭송해 왔다. 예술 작품에서 '일逸'은 사물을 정확하게 묘사한 '능能'이나 대상의 정신성까지 묘사한 '신神', 나아가 기운 생동하는 아취를 절묘하게 묘사한 '묘妙'의 단계를 뛰어넘는 예술의 최고의 경지이며 문인화가 지향한 최고의 가치였다. 그러고 보면 유교적인 격식과 질서에서 항상 조신하게 행동해야 했던 사대부들이 나한상에 열광했던 것도 다 이유가 있는 셈이다.

　전설적인 나한을 선택한 옛사람들의 이야기는 산신과 호랑이, 스님과 까치의 이야기 등등 재미있고 구성진 옛날이야기로 이어진다. 그 이야기들이 전하는 환상적이지만 진실한 이야기에 귀 기울여보라. 서양 문학과 예술에서 듣지 못했던 놀라운 이야기가 거기에 있다.

나 반 존 자 와
〈노 인 을 위 한 나 라 는 없 다〉

정의와 도덕이 사라진 세상

붓다가 없는 세상, 붓다의 가르침도 사라져 버린 세상을 말법시대라고 한
다. 소위 '말세'라고 하는 오늘날, 우리는 어디에서 희망을 찾을 수 있을
까? 코엔 형제가 만든 영화 〈노인을 위한 나라는 없다〉는 도덕과 정의, 원
칙마저 사라진 말세, 어느 누구도 희생자도 아니고 가해자도 아니지만 쫓
고 쫓기다가 죽음에 이르러야 그 쳇바퀴에서 빠져나올 수 있는 허무하고
냉혹한 현실을 멕시코 접경지대에 있는 텍사스 어느 사막에서 일어난 연
쇄살인 사건의 현장으로 옮겨 놓는다.

  황량한 사막을 배경으로 우연히 일확천금을 한 사냥꾼과 그를 뒤쫓는 추

적자, 그리고 추적자를 노리는 킬러의 숨 막히는 추격전을 그리는 이 영화는 언뜻 서부영화처럼 보이지만 서부영화에 흔히 나오는 음악도, 악당을 쳐부수는 영웅도 등장하지 않는다. 그 대신 사냥을 하러 갔다가 우연히 마약 밀매 현장에서 주운 2백만 달러 때문에 한순간에 쫓기는 신세가 된 사냥꾼 모스와 파리를 죽이듯 사람을 죽이는 연쇄살인범 쉬거의 잔혹한 추격전이 전면에 배치된다.

그들이 목숨 걸고 지키고 목숨을 걸고 빼앗으려는 것은 바로 돈이다. 자본주의 사회에서는 돈이 있어야 원하는 것을 가질 수 있지만, 돈을 얻기 위해 사냥꾼 모스는 자신이 무엇을 걸었는지조차 모른 채 목숨을 건 내기를 하고 있다. 설사 알았다고 해도 멈출 수 없다. 연쇄살인범 쉬거는 죽음에 이르러야 끝나는 탐욕의 본질을 정확히 꿰뚫고 있다.

"인생은 매순간이 갈림길이고 선택이지. 어느 순간 당신은 선택을 했어. 다 거기서 초래된 일이지. 결산은 꼼꼼하고 조금의 빈틈도 없어. 그림은 그려졌고 당신은 거기에서 선 하나도 지울 수 없어. 절대로, 인생의 길은 쉽게 바뀌지 않아. 급격하게 바뀌는 일은 더구나 없지. 당신이 가야 할 길은 처음부터 정해졌어."

거액을 습득하는 행운과 동시에 살인마에게 쫓기는 불행이 시작된다. 모스가 습득한 거액 중 죽기 전에 사용한 돈은 고작 몇십 달러에 지나지 않는다.

◀ **희랑대 나반존자** — 붓다의 나라에서 노인은 육체적으로 쇠약하거나 세상의 변화를 따르지 못하는 무력한 존재가 아니라 스스로 생명을 연장할 만큼 지혜롭고 무욕한 존재이다. 희랑대 나반존자의 동자처럼 해맑고 소박한 모습은 '빛진하다'는 표현 그대로 지금이라도 당장 내게 말을 건네는 듯하다.

모스를 뒤쫓는 쉬거는 이유도 없이 사람을 죽인다. 그의 살인은 돈을 위한 것도 아니고 복수나 정의 구현을 위한 것도 아니다. 끔찍한 살인을 저지르면서 표정 하나 바뀌지 않는다. 심지어 동전 던지기로 살인을 결정한다.

"자, 동전의 앞면이야? 뒷면이야? 골라, 선택은 내가 해. 그것이 네 운명이야."

자본주의 사회에서는 모든 것이 우연에 맡겨져 있다. 돈을 얻는 것이 우연의 결과이듯 죽음도 우연히 결정된다. 우연은 그 누구도 피해 갈 수 없는 것이며 피도 눈물도 없이 잔인하다. 〈노인을 위한 나라는 없다〉에서 등장인물 쉬거는 우연이 판을 치고 끊임없이 게임의 룰이 바뀌는 자본주의 사회의 무자비함과 무도함을 상징한다.

누가 쉬거의 무자비한 살육을 멈출 수 있을까? 아이러니하게도 죄 없는 모스의 아내를 살해하고 떠나는 순간, 사거리에서 교통신호를 무시하고 돌진하는 자동차 사고로 그는 치명상을 입는다. 혼돈, 바로 그것이 우연이 지배하는 현실의 진짜 모습이다.

영화 〈노인을 위한 나라는 없다〉는 이러한 현실을 과장하지 않고, 애써 희망을 이야기하지도 않는다. 단서를 찾을 수 없는 희대의 살인 사건을 추적하는 늙은 보안관 벨은 이 영화에 관조적 성찰의 지점을 제공한다. 그 덕분에 이 영화는 서부개척 시대의 무용담을 그린 서부영화도 아니고 연쇄살인극을 그린 스릴러 영화도 아닌, 21세기 자본주의 사회, 아메리카의 현실을 비추는 초상이 된다.

"나이가 들면 다 보이게 돼."

늙은 보안관 벨은 오랜 경험에서 나오는 날카로운 직관력으로 살인 사건의 원인을 규명하기 시작한다. 그러나 곧 쉬거의 살인 사건에 그의 오랜 경험이 조금도 도움이 되지 않는다는 사실을 깨닫고 한숨을 내쉬며 말한다.

"이십 년 전에는 사람 죽이는 이유가 분명했어. 그런데 요즘은 알 수가 없다니까. 왜 사람을 죽이는지 도무지 갈피를 잡을 수 없어."

정의도 도덕도 사라진 세상, 늙은 보안관이 할 수 있는 일이 없다. 모든 것이 우연에 의해 결정되는 자본주의 사회에서 죽음조차 원칙을 따르거나 순서에 맞추어 오는 것이 아니다. 늘 변화하는 현실을 따를 수 없는 노인은 시대에 뒤진 무력한 존재에 불과하다.

늙은 보안관 벨은 삼촌에게 푸념조로 이야기한다.

"언제나 생각했어요. 내가 나이가 들면, 신이 어떻게든 내 삶으로 찾아올 거라고. 그런데 오지 않네요. 뭐라 그러는 건 아니고, 아마 내가 신이라도 그랬을 겁니다."

삼촌이 대꾸한다.

"네가 겪은 것도 새로운 건 아니야. 이 나라에선 사람들이 늘 힘들어. 세월을 막을 수는 없는 거야. 너를 기다려 주지도 않을 거고. 그게 바로 허무야."

이 영화에서 그려지는 미국은 법도 없고 원칙도 없는 나라이다. 폭력만 난무하는 이 나라는 노인을 위한 나라가 아니다. 노인이 되면 자연스럽게 얻어지는 지혜와 편안함이 쓸모없는 나라, 그것은 노인을 위한 나라가 아니다.

나반존자는 왜 노인인가?

중국의 고전 『노자』는 성은 이李씨고 이름은 이耳이며 자는 담聃이라고 전해지는 주나라의 어느 노인의 이야기를 모은 책이다. 공자보다 스무 살 정도 연장자이며 공자가 예를 물었다고 전해지는 이 인물이 실존 인물인지는 알 수 없다. 그의 이름이 왜 '노자'인가에 대하여, 어머니 뱃속에서 칠십 년 있다가 태어났기 때문에 태어날 때 이미 노인이었다는 이야기가 전해지고 있다. 물론 사실이 아니지만, 이 이야기가 강조하는 것은 다름 아니라 노자의 '나이 듦'이다. 다시 말해, 동아시아 전통에서 나이 듦은 지혜의 원천으로 간주되었기 때문에 『노자』는 어느 '노인'의 이야기로 세상에 없는 지혜를 전하고 싶었던 것이다.

흥미롭게도 옛날 사람들은 붓다를 '황면노자黃面老子'라고 불렀다. 불상의 황금빛 때문에 이렇게 불렀던 것이지만, 불교가 도교와 동일시하여 생긴 현상이라기보다 노인을 지혜로운 존재로 보는 중국적 사유가 투영된 결과이다.

정작 대부분의 불상은 노인의 모습이 아니다. 적멸의 몸을 상징하는 붓다의 몸은 시간성을 떠나 있기 때문에 불상에는 나이와 같은 시간적인 것이 표현되지 않는다. 예외적으로 시간성이 강조된 도상이 바로 나한상이다. 나한의 얼굴에는 청년, 장년, 노년의 특징이 뚜렷이 표현된다. 아마도 아직 붓다가 되지 못한 아라한에게는 초월적인 속성보다 인간적인 속성이 더 자연스럽다고 판단했던 모양이다. 그 덕분에 우리는 친근하고 사랑스러운 나한상들을 많이 얻게 되었다.

나반존자 — 운문사 사리암의 나반존자(우)가 점잖고 부드럽고 온화하다면, 대승사 독성탱의 나반존자(좌)는 희고 긴 눈썹, 웃음 가득한 주름진 얼굴과 편안한 자세를 하고 있다. 일반적으로 나반존자는 소나무 아래 있지만 이 그림에서는 꽃밭 위에 앉아 있어 이채롭다. 운문사, 직지사박물관 사진 제공.

그런데 오백 명의 아라한 중 대표인 나반존자는 백발에 흰 수염을 드리우고 흰 눈썹이 길게 드리운 노인으로 묘사된다. 운문사 사리암의 나반존자가 점잖고 부드럽고 온화한 할아버지라면, 해인사 희랑대의 나반존자는 웃음 가득한 주름진 얼굴이 동자처럼 해맑다. 자연으로 돌아간 듯한 천진난만한 얼굴에서 영화 〈노인을 위한 나라는 없다〉에 등장하는 늙은 보안관의 쭈그러들고 무력한 표정은 찾을 수 없다.

그렇다면 나반존자는 왜 노인인가? 경전의 이야기처럼 미래의 붓다가 올 때까지 신통력으로 목숨을 연장하기 때문이라고 볼 수도 있다. 하지만 군이 나한을 노인으로 표현했던 이유는 동아시아 전통에 전래되는 '노인에 대한 존경' 때문이다. 공자가 "나는 열다섯에 배움에 뜻을 두고, 서른에는 뜻이 확고하게 섰으며, 마흔에 이르러 마음의 흔들림이 없어졌고, 쉰에는 하늘이 부여한 내 삶의 의미를 깨달았으며, 예순이 되자 남의 말을 듣고 모두 수용할 수 있을 정도로 마음이 순화되었고, 일흔이 된 후 무엇이든 하고 싶은 대로 해도 법도에 어긋나지 않았다"라고 회고했듯이 동아시아에서는 나이가 든다는 것은 인간적인 성숙과 지혜로움을 뜻했다.

사회변동이 거의 없었던 동아시아 전통 사회에서 지혜는 오랜 경험을 통해 얻어지는 것이기 때문에 나이 듦은 지혜의 원천으로 간주되기도 하지만, 나한의 천진한 얼굴은 동아시아 사회에서 육체적인 힘과 물질적 소유보다 자연으로 회귀하는 소박함과 무욕을 더 높이 평가했음을 보여 준다.

따라서 미래의 붓다가 오기 전까지 붓다가 없는 세상, 무도하고 냉혹하며 진리가 사라진 침묵의 말세를 지키는 존재는 모든 욕망이 무상함을 깨달은 욕심 없고 지혜로운 늙은 아라한일 수밖에 없다. 붓다의 나라에서 노인은 육체적으로 쇠약하거나 세상의 변화를 따르지 못하는 무력한 존재가 아니라 스스로 생명을 연장할 만큼 지혜롭고 무욕한 존재이다.

미국에는 없고 아시아에는 있는 것

젊은 대륙 미국에는 없고 늙은 대륙 아시아에는 있는 것, 바로 '노인을 위한 나라'이다. 특히 절집에는 노스님을 존경하고 봉양하는 아름다운 관행이 아직까지 남아 있다.

노스님들의 연륜에서 묻어나는 지혜와 세상을 달관한 경지는 젊은 수행자들에게는 귀감이다. 하지만 최근, 젊은이뿐만 아니라 노인조차 돈에 대한 욕망을 버리지 못하는 한국 사회, 한국 불교가 여전히 노인을 위한 나라인지는 잘 모르겠다.

동자승,
천진함의 상징인가?

만들어진 이미지, 동자승

매년 부처님 오신 날이 다가오면 불자 자녀들 중 대여섯 살 먹은 어린아이들을 모집하여 머리를 깎고 승복을 입혀 1~2주간 사찰에서 지내도록 한다. 스님들처럼 이른 새벽, 어둠 속에서 올망졸망 줄을 지어 법당으로 가서 예불도 드리고 발우 공양도 한다. 하지만 모든 것이 낯설고 서툴다. 아침 일찍 일어나는 것도 힘들고 절하는 것도 어색하다. 졸음을 못 이겨 예불 시간 중간에 법당 바닥에서 잠들기도 하고 삭발할 때는 무서워서 엉엉

▶ **운문사 명부전 동자** — 사랑스럽고 천진난만한 동자승의 이미지는 비교적 최근에 형성된 것이다. 말하자면 불교적인 감수성을 전하는 아이콘으로 일종의 만들어진 이미지이다.

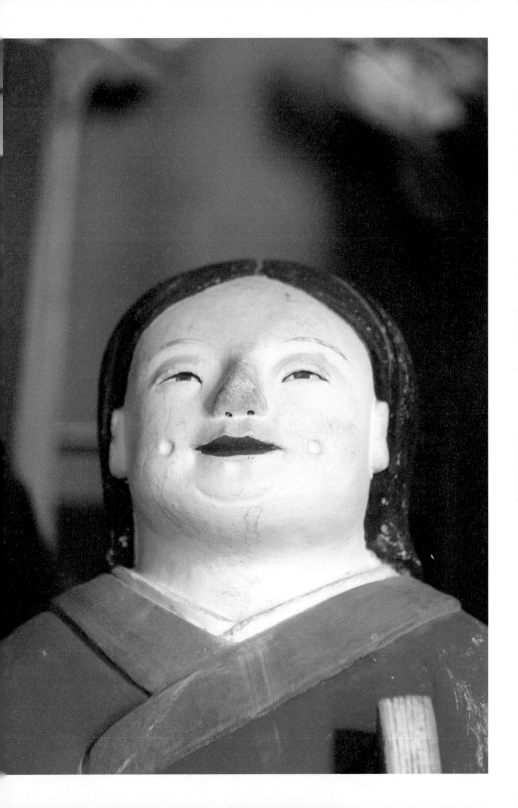

울음을 터뜨리기도 한다. 모습은 스님이지만 하는 짓은 개구쟁이이다. 천진난만한 그 모습을 어찌 사랑하지 않을 수 있으랴! 어린아이들의 해맑고 순수한 모습은 그 모습 그대로 천진불이다.

그런데 사랑스럽고 천진난만한 동자승의 이미지는 비교적 최근에 형성된 것이다. 부처님 오신 날 행사에 출연하는 아이들도 실제 동자승이 아니라 행사의 하나로 기획된 단기출가 동자승이다. 말하자면 천진한 동자승은 불교적인 감수성을 전하는 아이콘으로 일종의 만들어진 이미지이다. 원성 스님의 『풍경』에 그려진 동자승은 그 해맑은 모습과 눈물을 머금은 눈동자로 잃어버린 동심을 일깨웠다. 그가 그려 낸 동자승의 이미지는 기도하거나 참선하거나 책을 읽거나 공양하는 모습이다. 이러한 방식으로 이미지를 재현하는 것은 정서적 호소력이 강하다. 동자승의 이미지가 대중화되는 데에는 무엇보다 정채봉의 창작동화 『오세암』과 월북 작가 함세덕의 희곡 『동승』이 지대한 역할을 했다.

1984년 발표된 정채봉의 『오세암』은 설악산 오세암에 얽힌 구전설화를 바탕으로 한 창작동화로, 2003년 애니메이션 영화로 제작되어 프랑스 안시 국제 애니메이션 영화제에서 대상을 받았다. 함세덕의 최고의 작품이며 한국 근대희곡사상 가장 탁월한 작품 중 하나로 평가되는 『동승』은 1939년 3월 동아일보사 주최 제2회 연극 경연대회에 〈도념〉이라는 제목으로 출품되어 초연되었다가 해방 이후 간행된 희곡집 『동승』에 수록되었다. 그 후 〈내 마음의 고향〉이라는 이름으로 영화화되기도 했지만, 작가가 월북하는 바람에 오랫동안 빛을 보지 못하다가 월북 작가들의 작품이 해금된 1988년에 비로소 세상에 소개되었다. 그 후 연우 무대 등 여러 극단에서 잇따라 공연되어 호평을 받았으며 2003년 영화로 제작되었다.

이 두 영화가 기대고 있는 감성은 '어머니에 대한 그리움'이다. 평론가 김방옥이 비판하듯이 '상투적인 감성에 의존하는 서정성' 덕분에 대중적인 성공을 거두었지만, 두 영화에서 어머니 혹은 여성은 나 자신을 찾아가는 코드로 제시된다. 산사에서 외롭게 자라는 동자승에게 '어머니'는 외로움의 원인이자 그리움의 대상이다. 어머니는 나를 낳아 준 존재이자 내가 돌아가야 할 고향, 즉 칼 융이 말한 아니마^{anima}이다. 어머니의 따뜻한 사랑을 갈구하는 동승의 그리움은 세속적인 정에 대한 굶주림이 아니라 삶의 근본적인 고독과 소외를 의미한다. 『오세암』과 『동승』은 어머니를 향한 그리움을 보여 주지만 결국은 자신의 근원으로 회귀함으로써 그리움을 종교적인 구도로 승화시킨다.

구도자로서의 동자승으로 가장 널리 알려진 존재로는 앞서 〈수월관음과 선재동자〉 편에서 설명한 선재동자가 있다. 그런데 『오세암』이나 『동승』의 동자승 이미지에는 선재동자나 불교경전이나 설화에서 익히 보아 온 이미지와 다른 점이 있다.

독경 소리보다 마을 아이들의 노랫소리를 더 좋아하고 스님 몰래 토끼 사냥에 정신을 팔거나 스님을 '스님 아저씨'라고 부르며 이틀에 한 번 이불에 오줌을 싸고 날마다 스님들 신발을 모조리 나뭇가지에 매달아 놓는 등, 동자승의 천진난만한 이미지는 과거의 전통에서 볼 수 없었던 새로운 것으로, 순진무구함을 동자승의 본질로 제시한다. 『동승』은 동자승의 철부지 행동을 불교 계율의 입장에서 단죄하는 듯한 인상이 강하다면 『오세암』은 동자승의 천진무구함이 영화를 더욱 밝고 행복하게 만든다는 점에서 차이가 있다. 그렇지만 두 영화는 모두 동자승을 숭고한 구도자보다 천진난만한 동심의 상징, 더 나아가 종교적인 순수성으로 재현하고 있다.

아동은 없었다

영국의 계관시인 윌리엄 워즈워스는 하늘의 무지개를 바라볼 때마다 가슴 뛰었던 어린 시절을 기억하며 순수하고 맑은 어린아이의 마음을 칭송했다. 그는 자연과 교감하는 순수하고 천진한 마음이 나이 든 뒤에도 변치 않기를 기도한다. 워즈워스가 찬탄했듯이 가식이나 변덕, 이기적 욕망이나 계산을 알지 못하는 해맑고 순수한 어린아이는 인간의 가장 바람직한 상태가 아닐까?

그런데 어린아이가 심오한 '시적 정신'을 소유하고 있으며 천재적인 자질을 가지고 있다고 보는 낭만주의적 아동관은 루소의 『에밀』 이전에는 존재하지 않았다. 『성서』에서 어린아이를 미성숙의 상태로 이해한 것은 물론이고, 데카르트의 생득관념을 반박하기 위해 인간 정신을 '백지상태^{tabula} ^{rosa}'로 가정한 근대 경험주의 철학자 로크도 어린이의 정신세계를 인정하지 않았다.

그 점에서 어린아이를 타락하기 이전의 에덴에서의 인간 상태를 상징하는 존재라고 본 루소의 아동관이 당시 얼마나 파격적인 것이었는지 짐작할 수 있다. 『에밀』에서 그는 인간이 백지상태로 태어난다고 본 로크식의 논의는 물론이고 원죄를 짊어진 인간이라는 『성서』의 도그마에 반박하면서 "인간 정신에 있어서 근원적인 타락은 있을 수 없다"는 대담한 주장을 한다. 그는 어린아이를 순수한 인간의 상징으로 보았는데, 루소가 어린아이의 순수성에 주목한 것은 그 순수성이 인간의 자유의지를 실현하는 잠재성을 나타낸다고 생각했기 때문이다.

그러나 실제로 17세기 이전 서양 사람들은 어린아이를 '작은 어른'으로 생각하여 특별히 취급하지 않았으며 하층민의 경우 20세기에 들어서도 이런 의식이 없었다고 한다. 『아동의 탄생』의 저자 아리에스^{Phillippe Ariès}에 따르면, 중세인에게 어린아이는 사회적 약자로서 보호받거나 특별한 양육과 교육이 필요한 존재이자 티 없는 순수함을 지닌 존재라는 관념은 낯선 것이었다. 그들이 자식을 사랑하지 않았던 것은 아니지만 아동기의 특수성을 이해하지는 못했던 것이다.

동자승, 천진불의 상징이 되다

동아시아에서도 어린아이에 대한 인식은 서양과 크게 다르지 않았다. 『소학』에는 "젊은이가 어른을 섬기며 천한 이가 귀한 이를 섬긴다"는 구절이 나오는데, 이는 장유유서와 신분에 따른 수직적인 관계를 강조하는 동아시아 사회에서 어린아이가 사회적 관계에서 중심을 차지하지 못했음을 보여 준다.

동자승이 불교의 대표적인 캐릭터가 된 것은 최근에 발생한 새로운 경향이다. 신라 시대부터 미륵불을 아기붓다로 형상화하거나 오대산 상원사의 〈문수동자상〉 등 아기붓다, 아기보살상을 조성했지만, 이를 제외하면 동자상이 예경의 대상이 된 적이 거의 없다. 대부분의 동자상은 부수적이고 주

운문사 명부전 동자 — 불교에서는 어린 나이에 출가하는 것을 높이 평가한다. 이산혜연 선사는 "아이로서 출가하여 세상일에 물들지 않고 계율을 청정하게 잘 지키리라"고 발원하기도 하였다.

변적인 존재에 불과하다.

하지만 불교에서 동진童眞 출가는 예로부터 매우 높이 평가되었다. 붓다의 아들 라훌라Rahula가 출가한 이후로 미성년자도 부모의 동의가 있으면 승단에 들어올 수 있었다. 적게는 네 살에서 여덟 살, 많게는 스무 살까지의 아이들이 삭발하거나 득도하지도 못했지만 승원에 거주하면서 스님들과 함께 생활하고 수행을 했다. 이들을 범어로 구마라kumāra 또는 구마라카kumāraka라고 부른다. 한자로는 '동진童眞'이라고 하며 남자아이는 동남, 여자아이는 동녀라고 불렀다.

이산혜연 선사의 「발원문」에서 "아이로서 출가하여/ 귀와 눈이 총명하고 말과 뜻이 진실하며/ 세상일에 물 안 들고 청정범행 닦고 닦아/ 서리같이 엄한 계율 털끝인들 범하리까"라고 한 것처럼 많은 스님들이 다음 생에 동자승이 되기를 발원했던 것은 계율을 청정하게 지키기 위해서였다. 마찬가지로 보살을 동자의 형태로 조성한 것은 보살이 여래의 왕자라는 사실을 보여 주기 위한 것이지만 그보다도 세상의 아이들처럼 그들에게 음욕이 없다는 점을 강조하기 위해서이다.

『오세암』과 『동승』 그리고 수많은 동자승 캐릭터가 재현하는 동자승 이미지는 불교의 전통적인 이미지가 아니라 아동의 천진난만함을 강조하는 우리 시대의 독특한 아동관이 투영된 것이다.

명부전 이야기

야마와 염라왕

명부전의 원래 주인공은 도교의 신인 시왕들이다. 우리가 잘 알고 있는 염라대왕도 그 중 하나이다. 염라왕은 도교의 신으로 알려져 있으나 원래 인도의 신, 야마Yama가 중국으로 건너와서 토착화된 신이다. '쌍둥이'라는 뜻의 야마는 여동생 야미와 함께 사후세계를 지배하는데, 각각 남녀 귀신을 다스리기 때문에 중국에서는 '쌍왕'이라고 번역하기도 했다.

야마의 이야기는 고대 인도 브라만교의 성전인 『리그베다』에 처음 등장한다. 그는 태양신의 아들이지만 어머니가 인간이기 때문에 죽을 수밖에 없는 운명이었다. 처음으로 죽음을 경험하게 된 야마는 스스로 죽음의 길을 개척한 다음 그 세계의 왕이 되었다. 그가 만든 세계는 오늘날 우리가 아는 저승이 아니라 모든 사람들이 사후에 가고 싶어 하는 극락 세계였다.

저승의 성격이 바뀐 것은 또 다른 브라만교 성전인 『아타르바베다』의 지하세계, 즉 나라카^{Naraka}의 개념이 도입되면서부터이다. 우리말 '나락'의 어원인 나라카는 악인들이 고통을 받는 어둠의 세계인 지옥을 의미한다. 이처럼 사후세계의 성격이 바뀌자 그 세계의 지배자인 야마의 성격도 바뀌어 선악을 판정하는 심판자가 되었다. 그는 네 개의 눈과 반점을 가진 두 마리의 개를 데리고 다니는데, 그 개들은 국경을 지키며 야마의 전령으로서 사람들 사이를 돌아다닌다고 한다.

불교에 편입된 이후 저승은 신의 심판에 따라 가는 곳이 아니라 전생에 지은 업의 결과로 가는 장소로 바뀌었다. 그에 따라 야마의 역할도 전생의 업을 조사하고 판단하는 정도로 약화된다. 뿐만 아니라 지옥은 전생의 업이 소멸할 때까지만 머물다가 업이 다하면 다시 다른 세계로 갈 수 있는데, 신의 심판이나 영원한 형벌을 의미하는 기독교의 '지옥'과는 완전히 다르다.

불교가 도입되기 전에도 중국에 사후세계에 대한 관념이 존재했다. 고대 중국인들은 사람이 죽으면 혼백이 태산으로 돌아간다고 믿었는데, 특히 태산에는 사람의 수명을 적은 명부가 있고 태산부군이 저승의 귀신들을 통솔한다고 생각했다. 불교가 도입된 후, 야마는 중국 고유의 태산부군 신앙과 결합하여 '염라'라는 새로운 이름으로 개명한다.

도교에서 염라왕은 처음에는 지위가 그다지 높지 않았다. 왕이지만 지

운문사 명부전 — 저승은 신의 심판이 아니라 전생에 자신이 지은 업의 결과로 가는 곳이었다. 옥황상제는 염라왕이 죄인들을 계속 용서하자 그를 서열 1위에서 5위로 강등시켰다. 너그러운 것도 허물이 된다.

옥에 있는 탓에 죄인으로서 고통을 받는다고 여겼기 때문이다. 당송 시기에 염라신앙은 민간에서 크게 성행하여 '십전염왕' 신앙으로 발전하게 된다. 중국 도교의 최고신인 옥황상제에 의해 염라왕은 지옥과 오악의 신병과 귀졸을 통치하는 직책에 책봉되었다. 이제 염라왕은 형벌을 받는 처지에서 지옥을 지배하는 통치자가 되었는데, 염라왕이 다시 그곳을 열 개의 궁전으로 나누어 각각에 주인과 이름을 정함으로써 '십전염왕'이라는 집단통치체제가 완성된다. 염라는 점차 신적인 속성이 약화되어 관료의 성격을 띤다.

송나라에 들어와 서열 1위였던 염라왕이 너무 너그러워서 죄인들을 계속 용서하자 옥황상제가 그를 서열 5위로 강등시켰다는 재미있는 이야기

가 전해 내려온다. 그런데 염라왕의 위상이 지옥의 유일한 통치자에서 집단 심판관의 일원으로 바뀐 데에는 당송대 현실 사회의 변화가 반영되어 있다. 안사의 난 이후 귀족층이 몰락하고 과거 시험을 통해 등용된 사대부들이 국가 경영에 참여하는 관료 체제가 정착하였는데, 사후 세계도 현실 사회를 모방하여 더 현실적이고 체계적으로 바뀐 것이다. 십전염왕은 억울하게 누명을 쓴 사람을 구해 주고 가벼운 죄를 지은 자에게 뉘우침의 기회를 주고 악한 자를 엄히 다스렸기 때문에 백성들 사이에서 인기가 높았다. 역시 한 사람이 다스리는 것보다 여러 명이 다스리는 것이 더 공정했던가 보다.

시왕신앙은 불교의 사십구재 의식과 결합하여 망자는 사후 칠일마다 시왕의 심판을 받게 된다. 『불설예수시왕생칠경』에 따르면, 첫 번째 칠일에는 진광왕의 심판을 받고, 두 번째 칠일에는 초강왕, 세 번째 칠일에는 송

제왕, 네 번째 칠일에는 오관왕, 다섯 번째 칠일에는 염라왕, 여섯 번째 칠일에는 변성왕, 일곱 번째 칠일에는 대산왕의 심판을 받는다. 이때까지도 다시 태어날 곳이 결정되지 않으면 백 일째 되는 날 평등왕에게 가서 심판을 받고, 만 일 년이 되는 일주기의 소상小祥에는 도시왕, 만 이 년이 되는 삼주기의 대상大祥에는 오도전륜왕의 심판을 받을 수 있다.

명대에 출간된 『옥력보초』에는 시왕이 무섭고 카리스마 넘치는 지옥의 왕이 아니라 인자하고 평범한 판관에 가깝게 묘사되어 있다. 『불설예수시왕생칠경』에는 염라대왕 앞에서 망자가 거울에 비친 전생의 업을 보고 잘못을 깨닫는다고 하는데, 염라왕은 죄의 경중에 따라 공정하게 처리하고 사람들을 평등하게 대하기 때문에 평등왕이라고 의역되기도 한다.

염라대왕에게 중국식의 '포包'라는 성도 주어졌다. '포'는 '포청천'으로 잘 알려진 북송 시대 유명한 관리, 포증包拯의 성에서 따온 것으로, 청렴하고 정의롭고 사심 없는 판관이었던 포증이 사후에 염라왕이 되었다는 거짓말 같은 이야기가 전해진다. 그 외에도 사후에 염라왕이 되었다고 전해지는 인물로 수나라 장군 한금호韓擒虎, 북송의 재상 구준寇准, 북송의 대신 범중엄范仲淹이 있다. 사후에 그들이 염라왕으로 신격화된 것을 보면 백성들에게 이들의 신망이 얼마나 높았는지 알 수 있다. 또한 신화적인 존재조차 구체적이고 역사적인 인물의 속성을 덧씌우는 중국 신화의 독특한 특징도 잘 보여 준다.

염라왕의 이야기는 우리나라에 들어온 뒤, 다시 새로운 이야기를 덧붙인다. 죄를 지은 사람들을 지옥에 보내도 좀처럼 죄악이 줄어들지 않자, 염라왕은 천하에서 가장 아름다운 금강산을 만들었다. 금강산 관광은 중국

운문사 명부전 시왕들 — 시왕들은 억울하게 누명을 쓴 사람을 구해 주고 가벼운 죄를 지은 자에게 뉘우침의 기회를 주고 악한 자를 엄히 다스렸기 때문에 백성들 사이에서 인기가 높았다. 역시 한 사람이 다스리는 것보다 여러 명이 다스리는 것이 더 공정했던가 보다.

사람들까지도 죽기 전에 꼭 해보고 싶은 첫 번째 소원이었다. 염라왕은 금강산 일만이천 봉우리마다 보살을 머물게 하고 팔만 구 암자를 짓도록 하였으며, 길목마다 명경대, 황천강, 반야봉, 비로봉 등을 만들어 마음을 비추어 보도록 했다는 것이다.

금강산과 염라왕의 이야기는 지금까지의 염라왕 이야기와 격을 달리한다. 사람들에게 착한 심성을 갖도록 하기 위해 아름다운 경관을 제공하고 그 경관마다 불교적인 의미를 부여한 스토리텔링을 통해 마음을 비추어 보도록 한 염라왕은 분명 매우 지적이고 예술적인 감수성을 가진 존재였음에 틀림없다.

지장보살과 명부신앙

조선 초까지 명부전에는 시왕이, 지장전에는 지장보살이 주존主尊이 되어 각각 다른 종교적 역할을 담당했다. 무독귀왕 같은 지옥왕은 있었지만 열 명이나 되는 지옥왕은 없었다. 그런데 임진왜란을 거치면서 대부분 사찰에서 지장보살이 명부전의 주존이 된다.

왜 지장보살이 명부전의 주인공이 되었을까? 지장보살은 자신의 성불을 뒤로 미루고 천상에서 지옥까지 육도의 모든 중생이 성불할 때까지 중생을 구제하겠다는 위대한 서원을 세운 대자비의 보살이다. 임진왜란 이후 피폐해진 조선 사회의 고통스러운 현실에서 벗어나고자 하는 민중들의 염원을 외면하지 못해, 지장보살이 직접 지옥문을 열어 지옥 중생을 제도하기 위해 시왕이 다스리는 명부전으로 입성한 것이 아닐까?

이제 명부전의 중앙에는 지장보살이 놓이고 좌우에서 도명존자와 무독귀왕이 그를 보좌한다. 그 좌우에 주존의 위치에서 물러난 저승 세계의 시왕들이 차례로 배치된다. 그동안 그들은 망자가 저승에 오면 전생에 지은 업을 판단하여 다음 생에 태어날 세계를 결정해 왔지만 이제는 예전 같은 위력을 발하지 못한다. 곧 지장보살의 대자비로 지옥이 텅 빌 테니까.

도명존자는 본래 중국 양주에 있는 개원사의 스님이었으나 778년 사무상의 실수로 원래 저승으로 불러오려고 했던 용흥사의 도명 스님 대신 저승사자에게 끌려 명부로 가게 되었다. 다행히 그 사실이 밝혀져 이승으로 돌아온 후 그는 누구보다 지옥의 사정을 잘 안다는 점 때문에 지장보살의 협시보살로 발탁된다. 임사체험 덕분이니 감사해야 할 일일지도! 한편 무독귀왕은 지옥의 왕으로 지장보살이 처녀였을 때 안내했던 인연으로 협시보살이 되었다.

명부전 입구에는 험상궂은 인왕이 지키고 있으며 그 안쪽으로 판관과 녹사가 도열해 있다. 판관은 시왕들을 대신하여 죄인을 심판하고 녹사도 부지런히 심판 기록을 문서에 써 내려간다. 이어서 일직日直사자, 월직月直사자, 시직時直사자, 연직年直사자 등 명부전의 네 명의 사자와 우두나찰牛頭羅刹과 마두나찰馬頭羅刹도 망자를 저승으로 데려가기 위해 도열해 있다. 그 밖에 망자의 집을 찾아가 생전에 무슨 공덕을 지었는지를 점검하는 감재監齋사자와 망자의 죄를 기록한 문서를 내보이고 죄인을 가려내는 역할을 맡은 직부直符사자가 있다. 그뿐 아니다. 시왕들 곁에 동자가 한 명씩 배치되어 거의 서른 명에 육박하는 대가족이 한 지붕 아래 모여 살게 되었다.

명부전의
동자들

그 많은 동자상은 왜 명부전에 있을까?

불교 조형물 중 동자상도 많이 제작되었다. 그것들을 보려면 어디로 가야
할까? 오대산 상원사에 가면 〈문수동자상〉을 만날 수 있지만 이처럼 동자
상을 단독으로 배치한 사찰은 거의 없다. 나한전이나 산신각에서 간혹 동
자상을 볼 수 있지만 너무 미미해서 눈에 잘 띄지 않는다. 그렇다면 그 많
은 동자상은 어디에 있을까? 사찰의 전각 가운데 동자상을 가장 많이 둔
곳은 명부전이다. 간혹 동자상이 없는 명부전도 있지만, 대부분의 사찰 명

◀ **김룡사 동자** ─ 죄와 벌을 판정받는 절박한 순간 아무도 그들에게 관심을 주지 않는다. 어른들의 보호를 받아야 마땅한 어
린아이들이 어찌하여 이처럼 아무도 관심을 갖지 않는 긴장되고 음습한 명부 세계에 있는 걸까?

부전에는 동자상이, 그것도 하나가 아니라 여러 구의 동자상이 배치되어 있다.

저승 세계를 재현해 놓은 곳에 동자상이 있다니! 놀랍다 못해 충격적이다. 만해 한용운이 『조선불교유신론』에서 "시왕은 불교 고유의 신앙이 아니며 저급한 불교문화의 형태"라며 시왕 무용론을 주장했던 것처럼, 동아시아의 명부신앙은 도교와 불교, 그리고 민간신앙이 혼성된 신화적 세계인 명부에 대한 믿음이다. 종교적 상상력의 소산인 신화는 계몽주의 시대 이래로 황당하고 비합리적인 이야기로 취급받지만 과학이 발달한 오늘날까지도 사람들을 매혹시키고 있다. 『일리아드』, 『오디세이』, 『베다』, 『바가바드기타』, 『산해경』과 『초사』에 나오는 하늘의 별만큼 빛나는 수많은 신들과 영웅, 신선의 이야기에 빠져 상상의 세계를 꿈꾸었던 적이 있지 않던가?

신화에는 세계의 근원, 신, 자연현상, 죽음 등에 대한 옛사람들의 삶과 사유가 반영되어 있다. 신화는 인류의 지혜와 상상력이 응집된 보고로, 오늘날까지 소설, 영화, 컴퓨터게임과 같은 형태로 현대인의 삶에 깊이 스며들어 있다.

저승, 즉 죽음 이후의 세계는 우리가 가볼 수 없는 곳이기 때문에 모든 종교적 상상력이 모여드는 중심이다. 사람들은 자신이 경험하는 현실의 차원을 좀처럼 벗어나지 못하기 때문에 상상 속 신화의 세계 역시 인간세계를 그대로 모방한다. 상상력이 가장 풍부한 그리스 신화조차 하늘과 땅, 바다를 지배하는 신들이 사람들과 마찬가지로 서로 사랑하고 미워하고 싸우는 것으로 묘사되어 있다.

동아시아 사람들은 그들이 사는 세계와 마찬가지로 명부에도 왕과 신하, 그리고 그들을 보좌하는 사자, 옥졸 등이 있다고 생각했다. 뿐만 아니라 명부는 황제의 궁전처럼 화려하다고 상상하여 사자들이 여러 가지 구슬과 매듭, 깃털로 화려하게 장식된 당번이나 커다란 부채, 비단으로 만든 꽃무늬의 산개 등 각종 의장을 들고 있다. 이처럼 신화를 통해 한 민족의 삶과 의식을 이해할 수 있다.

명부세계의 어린아이

명부전의 동자들은 강력하고 개성 강한 존재들 틈에 끼어 있는 미미하고 보잘 것 없는 존재에 불과하다. 아무도 그들에게 관심을 주지 않는다. 그들은 산 사람을 저승 세계로 끌고 가는 저승사자나 전생의 업을 심판하여 내생을 결정하는 시왕들처럼 강력한 존재도 아니고, 무시무시한 고통에서 구제해 주는 지장보살처럼 자비로운 존재도 아니다. 저승사자들에게 끌려가 심판관인 시왕들 앞에서 죄와 벌을 판정받는 절박하고 엄숙한 순간, 저승을 지키는 우락부락한 인왕의 위력도, 시왕의 판결권도 없는 아이들에게 누가 눈길을 주겠는가? 그 절체절명의 순간, 사람들의 관심은 시왕의 판결이나 지장보살의 자비에만 쏠릴 따름이다. 어른들의 보호를 받아야 마땅한 어린아이들이 어찌하여 이처럼 아무도 관심을 갖지 않는 긴장되고 음습한 명부 세계에 있는 것일까?

십여 년 전, 학예연구원으로 해인사성보박물관 개관 준비를 하던 때의 일이다. 지금은 고인이 된 미술사학자 장충식 교수의 소개로 모 대학에서 디자인을 가르치는 분에게 개관전 포스터를 부탁드렸다. 얼마 후 그 분이 전시유물 중에서 해인사 희랑조사상과 동자상을 선택하여 디자인 시안을 보내왔다. 개관을 맞이하여 환영하는 의미에서 꽃을 들고 있는 동자상을 개관전 포스터로 선택하는 것이 어떻겠냐는 의견도 덧붙여서.

시안을 확정하기 위해 박물관 관계자들에게 보여 주었더니 그 중 한 분이 화를 벌컥 내며, 경사스러운 개관식 날에 하필이면 명부전 동자냐고 반대했다. 동자가 명부전에 있는지 알지 못한 디자이너가 동자의 꽃과 미소를 환영의 의미로 알고 개관전 포스터에 넣었던 것인데, 동자상의 실제 의미를 아는 사람에게는 축하의 의미가 아니었다. 박물관의 어려운 사정을 고려해서 재능 기부를 해준 디자이너에게는 미안한 일이었지만 동자상 대신 희랑조사상을 개관전 포스터에 쓰기로 결정했다.

그 일을 계기로 명부전 동자상의 표정을 유심히 관찰하게 되었다. 일부 미술사학자들이 귀엽고 사랑스러운 동자상에 주목하지만 실제 동자상 중에는 미소를 띤 것보다 무표정하거나 심지어 싸늘한 느낌을 주는 것이 더 많다. 아는 만큼 보이기도 하지만 때로는 아는 것이 보는 것을 가리기도 한다는 사실을 알았다. 시왕들 곁에서 동물이나 공양물을 안고 다소곳이 서 있는 동남동녀들의 "면면이 하나같이 다정스럽다"는 유홍준의 평가는 지극히 일부의 동자상에만 해당하는 말이지 명부전 동자상 전체에 해당하는 말은 아니다. 그렇다면 이런 평가는 오늘날 우리들이 갖고 있는 근대적인 아동 관념을 동자상에 투사한 것이 아닐까?

예나 지금이나 아이들은 죽음에 대한 의식이 없다. 그렇기 때문에 아이들은 주검을 터부시하지 않고 있는 그대로 받아들인다. 전근대사회의 높은 영아 사망률에서 볼 수 있듯이 부모들은 어린 자식이 언제 죽을지 모른다고 생각하여 일정한 나이가 될 때까지 이름을 짓지 않았다. 조선 시대에는 천하게 불러야 아이들이 일찍 죽지 않는다는 속설 때문에 임금도 어린 시절에는 천한 이름으로 불렸다. 고종의 아명은 '개똥이'였고 인종의 아명은 '백돌이'였다. 어린아이는 죽음에 가까운 존재였기 때문에 그들에게 고유한 인격, 즉 이름을 붙일 수 없었다. 전근대사회에서 아이들은 익명의 존재였다.

이처럼 어린아이는 어른과 '같으면서도 다른' 속성을 지니기 때문에 동아시아에서 아이들은 죽은 자의 세계와 산 자의 세계를 매개하는 중간자 역할을 했다. 고대 중국에서는 아이들을 희생제의 희생양으로 바치기도 했고 조상의 제사에 시동^{尸童}의 역할을 맡기기도 했다.

한대 이후 시동 대신 신주가 보편화되었지만, 오랫동안 조상에게 제사를 지낼 때 조상을 대신해서 그 집안의 아들이나 손자가 제사상을 받았다. 가만히 한 자리에 앉아 있지 못하는 어린아이를 왜 엄숙한 제사상에 앉혔는가에 대해 많은 학자들이 아동의 중간자적 특징에 주목한다.

시동은 항상 그 집안의 자손 중에서 선발했는데, 생물학적으로 조상의 특징을 이어받았을 뿐 아니라 아직 자신의 고유한 특징을 갖지 못한, 다시 말해 개성이 전혀 없는 익명의 존재였기 때문에 그들에게 조상의 혼이 내려온다고 보았다.

9세기 후반에서 10세기 초에 제작되었을 것으로 짐작되는 돈황에서 출토된 〈시왕경도권〉에도 동자가 등장한다. 이로 미루어 볼 때 '저승 세계에 있는 어린아이'라는 관념이 명부신앙과 상당히 이른 시기부터 결합된 것으로 보인다.

지필묵을 들고 있는 동자

명부전이 현실 세계를 모방한 것처럼 명부전의 동자들도 현실 세계의 아이들과 비슷한 차림새를 하고 있다. 정갈하게 묶어서 말아 올린 중국식 쌍상투머리와 의복은 이 아이들이 중국에서 왔다는 점을 분명히 표시한다. 따라서 명부전의 동자상은 불교보다 도교와 더 관련 있는 게 아닌가 생각된다. 가끔 머리를 길게 땋고 두루마리를 입고 있다거나 몸에 맞지 않는 큰 옷을 입었던 당시 아이들처럼 손등을 덮은 옷소매와 신체 비례에 비해 큰 머리 등 현실 세계의 동자들을 재현한 동자상도 있다. 불교가 배척되었던 조선 시대에도 불교예술 중 보기 드물게 사실주의적 표현이 등장할 만큼 민간에서 명부신앙이 상당히 성행했던 모양이다.

아이들은 도대체 그곳에서 무엇을 하고 있나? 그들이 들고 있는 지물을 살펴보면 동자상의 역할을 알 수 있다. 명부전의 동자상이 들고 있는 지물은 불교뿐 아니라 도교와 민간신앙의 상징물까지 아우르고 있어 그 의미를 짐작하기 쉽지 않지만, 연꽃이나 연잎을 든 동자상은 연화화생蓮華化生을 상징하며, 꽃이나 과일을 공손하게 받들고 있는 동자상은 공양 올리는 사람을 표시한다고 알려져 있다. 너풀거리는 천의를 입고 있거나 학, 봉황, 기러기를 안고 있는 모습은 이 아이들이 천상 세계의 존재라는 사실을 암시하고, 거북은 장수를, 사자는 지혜를 상징한다고 해석된다.

동자들의 역할과 관련하여 가장 중요한 지물은 붓, 두루마리, 벼루 등의 필기구이다. 대부분의 참배객들은 필기구를 보고 동자들의 학습 도구로 생각한다. 그러나 그것은 동자들을 위한 것이 아니다. 바로 근대적인 아동의 개념을 투사하여 이해하기 때문에 이 필기구들이 다른 용도로 사용된다는 사실을 짐작하지 못한다. 그렇다면 어떤 용도로 사용되는 것일까? 명부전의 동자들이 현실 세계의 어린아이들을 모방한다고 가정할 때 언뜻 이해되지 않는 대목이다.

현실 세계의 아이들은 어떠했을까? 사실대로 말하면, 전근대사회에서는 아동교육이 전 계층에서 이루어지지 않았다. 양반가의 자제들은 입신출세를 위해 서당 교육을 받았지만 평민의 아이들에겐 교육의 기회가 주어지지 않았다. 대신 아이들은 바쁜 농사철에는 새참을 나르고 물을 긷고 나무하고 소를 돌보고, 농한기에는 새끼를 꼬거나 집안 심부름을 하는 등 어른들을 도와야만 했다. 하층계급의 아이들은 주인나리와 마님, 아기씨를 위해 나귀를 끌고 차를 끓이는 등 온갖 허드렛일을 했다.

전근대 동아시아사회의 어린아이들은 필립 아리에스가 연구했던 전근대 서양의 아동들과 마찬가지로 어른들의 특별한 돌봄이나 관심을 받지 못했다. 대장간에서 장인을 도와 풀무에 부채를 부치는 아이를 묘사한 김홍도의 〈대장간〉과, 쌍륙놀이를 하는 어른들을 위해 상을 준비하는 아이를 그린 구한말 풍속화가 김준근의 〈쌍륙 치는 모습〉은 전근대사회에서 흔히 볼 수 있는 일상적인 풍경을 그린 그림이다.

현실 세계의 아이들과 마찬가지로 명부전의 동자들은 노동하는 아이, 즉 시왕을 보좌하는 시동이다. 그들은 시왕이 필요로 할 때 바로 대령하기 위해 여러 가지 지물을 들고 서 있는 것이다. 붓과 벼루는 시왕의 판결을 기

김룡사 동자들 — 양반가의 자제들이 입신출세를 위해 서당 교육을 받았지만 대다수 서민의 아이들에게는 교육의 기회가 주어지지 않았다. 주인나리와 마님, 아기씨를 위해 나귀를 끌고 차를 끓이는 허드렛일을 도맡았다. 그래서일까, 명부전 동자들은 미소 띤 얼굴보다 무표정하거나 심지어 싸늘한 느낌을 준다.

록하는 도구이고, 아이들은 시왕의 명령을 받아 판결을 기록하고 보고하는 보조적인 역할을 한다.

명부전의 동자들은 원래 도교에서 시왕의 시중을 드는 시동이지만, 불교경전에서는 동생신 또는 동명신이라는 이름으로 등장한다. 동생신은 오른쪽 어깨 위에서 사람들의 나쁜 행동에 대해 평가하는 일을 맡은 여자 아이이고, 동명신은 사람의 왼쪽 어깨 위에서 착한 행동을 기록하는 남자 아이이다. 동자는 인간의 죄상을 기록한 업부를 가지고 있는데, 『불설예수시왕생칠경』에는 "오관왕의 업의 저울은 공중에 걸려 있고 좌우의 두

동자는 업부를 채운다. 죄의 경중이 어찌 마음대로 되겠는가, 눈금은 전생의 인연 따라 오르내린다"라고 적혀 있다. 그들은 어떤 결정권이나 완력을 갖지 못했지만 사람들이 살아생전 행한 일들을 낱낱이 기록하고 보관했다가 시왕들에게 보고하거나 시왕의 판결을 기록하는 중요한 역할을 맡고 있다.

왜 아이에게 죄의 기록을 맡겼을까

그렇다면 왜 평범한 어린아이에게 이처럼 막중한 일을 맡겼을까? 시왕 옆에서 조용히 자신의 존재를 드러내지 않으며 서 있는 동자들은 주인의 뜻에 따라 움직이는 유약하고 종속적이며 비천한 존재이지만 바로 그 이유 때문에 맡은 바 임무를 가장 완벽하게 해낼 수 있다.

　동자들은 눈을 아래로 지그시 감고 엄숙하게 서 있다. 그들은 주인의 뜻에 맞추어 자신의 의지를 완전히 버리고 완전한 무의 상태로 자신을 비우고 있기 때문에 마치 존재하지 않는 듯한 착각을 준다. 사람들은 동자들이 자신들을 지켜보고 있는 것조차 의식하지 못하고 그들의 감추어 둔 속내를 적나라하게 노출한다. 겉은 번드레하지만 시왕과 지장보살 앞에서 한없이 작아지는 이들도 있고, 겉은 남루하지만 진실한 마음으로 당당하게 서 있는 사람들도 있다. 권력자나 부자들에게 잘 보이려고 무진 애를 쓰면서도 못나고 신분이 천한 사람을 깔보고 함부로 대하는 사람도 있다. 동자들은 가장 가까운 곳, 시왕의 곁이나 지장보살의 양쪽 어깨 위에서 무표정하게 그 모든 모습을 지켜보고 하나도 빠짐없이 기록한다.

　지장탱화의 선동자와 악동자는 보살의 좌우에 서 있거나 지장보살의 어깨 위에서 상체만 드러내고 있기도 한다. 그들은 두루마리와 붓을 들고 있거나 일산이나 당번을 들고 보살을 시봉하고 있다. 『지장보살발심인연시왕경』에서 찬탄하듯이 "선을 증명하는 동자는 그림자처럼 잠시도 떠나지 않고 선을 닦는 것을 귀 기울여 듣고 작은 선이라도 기록하지 않는 것이 없고, 악을 증명하는 동자는 메아리가 소리에 따라 일어나듯이 악을 행하는 것을 눈여겨보고 작은 악이라도 기록하지 않는 것이 없다." 그들이 진실을 기록할 수 있는 까닭은 가장 비천하고 아무도 거들떠보지 않는 존재이기 때문이다. 동아시아의 신화에서 주인의 뜻을 충직하게 따르는 시동에게 선악을 기록하는 중대한 역할을 맡긴 데에는 그만한 이유가 있었던 것이다.

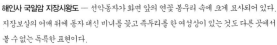

해인사 국일암 지장시왕도 — 선악동자가 화면 앞의 연꽃 봉우리 속에 크게 묘사되어 있다. 지장보살의 어깨 뒤에 동자 대신 비녀를 꽂고 족두리를 한 여성상이 있는 것도 다른 곳에서 볼 수 없는 독특한 표현이다.

그런데 시대가 바뀌면서 선악동자의 비중이 점점 커지게 된다. 선악동자는 고려 시대의 명부도상에는 보이지 않지만 조선 시대 불화에는 자주 나타난다. 18~19세기에 해인사 국일암 〈지장시왕도〉를 비롯하여 경기도와 경상남도를 중심으로 제작된 지장보살도에는 선악동자가 화면 전면으로 나와서 연꽃 봉우리 모양의 구역 속에 크게 묘사되어 있다.

한 미술사학자는 지장보살의 어깨 뒤에 있던 선악동자가 화면 전면에 배치된 것에 대하여 조선 후기에 권선징악의 윤리가 강조된 결과로 해석한다. 하지만 이는 표면적인 해석에 불과하다. 거기에는 더 깊은 이유가 있다. 잘 알려진 것처럼 조선 후기에는 관료사회의 부정부패와 매관매직이 만연하고 민중 수탈도 악랄하게 이루어졌다. 유교질서는 허울만 남고 위선과 기만이 판을 치고 있었다. 부패한 관료들에 대한 일반 민중들의 불만은 송나라 때 관료체제에 대한 신뢰를 바탕으로 유행한 시왕신앙의 기초를 무너뜨리기에 충분했다. 관료들을 믿지 못하는 것처럼, 시왕이나 저승사자들 또한 믿지 못했다. 그들 역시 관료이므로 현실의 관료와 마찬가지로 뇌물을 바치는 사람에게는 지옥행을 면해 주고 사사로운 관계에 따라 판결을 바꾸기도 한다고 생각했다.

공정함에 대한 신뢰가 무너진 세상에서 우리는 무엇을 믿고 의지할 수 있을까? 도덕이 땅에 떨어진 시대에 우리는 어떻게 진실을 말할 수 있을까? 기득권 세력에 대한 불신이 팽배한 사회에서 신뢰할 수 있는 것은 개인이나 집단의 판단이 아니라 그 누구도 조작할 수 없는 기록이다. 이 시기에 제작된 염라대왕을 그린 〈명왕도〉에서도 기록 장면이 크게 부각되어 있는 것은 시왕의 인격이나 판단력보다 기록을 더 중시했음을 엿볼 수 있다. 기록의 중요성에 대한 인식은 기록을 담당하는 존재인 선악동자의 역할을 새삼 주목하게 만들었을 것이다. 선악동자의 비중이 높아진 것은 바로 이런 의식의 변화를 반영하는 것이 아닐까? 충직하게 그리고 묵묵하게 자신의 할 바를 사심 없이 수행하는 선악동자야말로 가장 믿음직한 존재가 아니었을까?

무대 뒤에서 조용히 주인들을 보좌하던 주변인들이 이제 위세 좋던 주인공들이 몰락한 세상의 전면에 나선다. 그들의 기록이 혼란과 불신의 시대에 가장 신뢰할 수 있는 것인 동시에 가장 두려운 것이기 때문이다.

섬김의 미학과
〈야콥 폰 군텐〉

동자, 천진함과 무표정의 사이

명부전의 동자상은 신화적 세계에서 그들이 맡은 역할도 미미하지만 조형적으로도 그다지 귀엽거나 사랑스럽지 않기 때문에 오랫동안 사람들의 관심에서 밀려나 있었다. 그렇다고 그들에게서 억지로 '다정스러움'을 찾아낼 필요는 없다. 딱딱하고 차가운 표정이 본질에서 나온 것이라면 오히려 그 표정이 감추고 있는 미덕을 찾아보는 것이 낫지 않을까? 이 하찮고 존재감이 없는 동자들이 도덕이 무너진 세상에서 가장 믿음직한 존재이듯이 모두가 성공을 향해 달려가는 후기자본주의 시대에 그들의 무표정이야말로 참으로 진실한 무언가를 담고 있는 것이 아닐까?

명부전의 동자들은 시왕이나 지장보살을 보조하는 시동이므로 그들의 본질은 곧 주인을 충직하게 '섬김'에 있다고 해도 과언이 아니다. 태생부터 '천진성'과 '순수성', 나아가 '천재성'을 인정받는 오늘날의 아이들과 달리 전근대사회의 아이들에게 부모와 스승이 요구한 것은 '복종'과 '섬김'이었다.

가부장적 위계질서의 최하위에 위치한 전근대사회의 어린아이는 장유유서의 질서에 따라 어른들을 공경하고 그들의 뜻에 순종했다. 아버지를 비롯한 집안어른은 윗자리에, 어린아이는 아랫자리에 앉았다. 가족을 외국으로 보내고 혼자 사는 기러기 아빠의 처지와 비교하면 격세지감을 느끼게 하지만 밥상머리에서 아버지가 숟가락을 들지 않으면 아이들은 아무리 배가 고파도 밥을 먼저 먹을 수 없었다.

동자승들의 사정도 비슷했다. 구족계를 받기 전까지 동자들은 항상 어른스님 옆에 대기해 있다가 어른스님이 시키는 일을 하거나 방을 청소하고 객을 맞이하여 대접하는 일을 비롯하여 대중스님들에게 말씀을 전하거나 법회나 의례가 있을 때 옆에서 보조하고 외출할 때에는 모시고 다니는 일까지 어른스님의 일거수일투족을 살피고 받들었다.

시동이 하는 일은 전문지식이나 숙련이 필요치 않은 단순한 일인 데다가 주인이 시키는 대로 하면 되기 때문에 언뜻 보기에 쉬운 듯 보이지만 사실 그렇지 않다. 누군가의 뜻에 맞추어 움직인다는 것은 자기 생각을 비우고 완전히 하심하지 않으면 안 되는 일이기 때문에 예로부터 승가에 입문한

◀ **상원사 문수전 목조동자상** ─ 오늘날의 아이들과 달리 전근대사회의 아이들에게 부모와 스승이 요구한 것은 '복종'과 '섬김'이었다. 상원사 사진 제공.

초심자들은 스승을 시봉하는 일부터 배웠다.

어른스님을 모실 때는 허리를 굽히고 공손히 행동해야 하는 것은 물론이고, 불편한 점은 없는지, 좋아하는 것은 무엇인지 항상 세심하게 살피고, 말씀하지 않아도 먼저 필요한 일을 찾아서 정성껏 모셔야 한다. 귀는 항상 열려 있어야 하고 잠시도 한눈팔아서는 안 된다. 언제 어디서든 부르면 바로 달려가 심부름을 할 수 있도록 항상 긴장해 있어야 하며, 몸은 단정하게 하고 조신하게 행동하며 어른스님이 시킨 바를 재빠르고 성실하게 행할 뿐만 아니라 때로는 어른스님에게 방해가 되지 않도록 조용히 물러나 하염없이 대기하고 있어야 한다.

붓다의 사촌이자 시자였던 아난은 그 정성스럽고 엽렵한 시봉으로 널리 칭송을 받았다. 붓다는 아난의 시봉에 매우 만족해하면서 그의 여덟 가지 덕목을 다른 시자들을 위한 귀감으로 제시했다.

『북본대반열반경』 권 40에 열거된 내용을 보면, 시자가 되려면 첫째, 신체장애가 없어야 하고 둘째, 마음이 곧고 질박해야 하며 셋째, 몸에 병이 없어야 하며 넷째, 항상 부지런히 정진해야 한다. 다섯째, 주의가 산만해서는 안 되고 여섯째, 교만해서도 안 된다. 일곱째로 정定과 혜慧를 성취해야 하며 마지막 여덟째로 지혜롭게 잘 알아들어야 한다.

출가하여 어른스님을 시봉하는 초심자들이 명심하지 않으면 안 될 내용이지만, 오랜 수행을 한 구참 납자들도 마음에 새겨 두어야 할 내용들이다. 아난이 이십오 년 동안 붓다를 시봉했듯이 누군가를 시봉하는 일은 반드시 나이가 어려야만 되는 것이 아니다.

대승불교의 이상적인 수행자인 보살도 시동의 모습으로 자주 등장한다.

누군가를 돕는 것이 그들의 본질이기 때문에 보살은 여러 가지 모습으로 사람들의 부름에 응하여 나타나지만 그 중에서도 시동과 같은 비천한 신분은 보살이 자신을 감추고 보살행을 실천할 수 있는 훌륭한 방편이다.

오대산 문수동자는 피부병이 난 세조를 위해 기꺼이 등을 밀고, 석굴암의 십일면관세음보살은 중병을 앓는 신라 경흥국로 앞에 비구니의 모습으로 나타나 병신춤을 추어 모든 사람을 한바탕 웃게 하고 국로의 병을 낫게 했다. 초라한 행색이나 비천한 신분 때문에 사람들이 보살을 알아보지 못하고 업신여길 때 바로 그때 보살의 진면목이 드러난다.

하찮고 미미한 존재에 불과하지만 명부전의 동자가 행하는 '섬김'의 수행적 가치는 동아시아에서 오래전부터 소중하게 여겨졌다.

야콥은 왜 하인학교에 들어갔나

신분의 차이가 철폐되고 자유시민의 권리가 확립되었던 20세기 초, 스위스의 문학자 로베르트 발저^{Robert Otto Walser}는 귀족의 자제인 주인공 야콥이 하인이 되기 위하여 자발적으로 하인학교에 들어간다는 기묘한 이야기를 담은 소설 『야콥 폰 군텐』(우리말 번역본은 『벤야멘타 하인학교』로 출판되었다)을 발표한다. 그의 소설은 크게 성공을 거두지 못했지만 헤르만 헤세를 비롯하여 발터 벤야민, 프란츠 카프카 등 당대의 뛰어난 소설가, 문예비평가로부터 찬사를 받았다.

왜 주 의회 의원의 아들이 하인이 되려는 걸까? 하인이 되고 싶다면 그냥 하인이 되면 되지 굳이 하인학교를 들어갈 필요가 있었을까? 하인학교

야콥 폰 군텐 — 1905년에 베를린에서 첫 출간된 이 소설은 실제 발저의 경험을 바탕으로 씌어졌다. 1905년 베를린에 도착하자마자 그는 하인 학교에 들어갔고, 다음해 겨울 집사로 일했다.

는 도대체 무엇을 가르치는 곳일까? 꼬리를 물고 의문이 이어진다.

이 질문들에 대해 주인공 야콥은 단호하게 말한다.

"우리는 여기서 배우는 것이 거의 없다. 가르치는 교사들도 없다. 우리들, 벤야멘타 학교의 생도들에게 배움 따위는 어차피 아무 쓸모도 없을 것이다. 말하자면 우리 모두는 훗날 아주 미미한 존재, 누군가에게 예속된 존재로 살아갈 거라는 뜻이다."

학생들은 그곳에서 규율을 달달 외우는 것 외에 아무것도 하지 않는다. 다만, 그들은 규율에 따라 수업 도중에 움직여서도 안 되고 쉬는 시간에도 몸과 정신을 이완시켜도 안 된다. 귀는 항상 쫑긋 세우고 있어야 하며 입술은 꼭 다물고 있어야 한다. 항상 다소곳이 있어야 하며 소곤소곤 말하고 놀 때도 소리를 내면 안 된다. 손을 단정히 모으고 주의 깊게 행동을 관찰하며 발끝 하나 허투루 해서는 안 된다. 요컨대 벤야멘타 하인학교의 학생들은 명부전의 동자들처럼 무표정하고 딱딱한 자세를 취해야 한다. 단순하지만 이 자세를 습득하려면 면밀한 모방과 반복적인 훈련이 필요하다.

벤야멘타 학교에서 하인이 되기 위해 배우는 것은 (실제로 가르치는 것도 없지만) 쓸모와는 전혀 상관없는 것들이다. 학생들이 경험하는 "종종 반나절이 다 가도록 늘어지는 기묘한 무위"는 고된 육체노동보다 더 지루하고 고통스럽다. 사무엘 베케트의 희곡『고도를 기다리며』에서 탁월하게 묘사한 것처럼 아무것도 하지 않으면서 기다리는 것은 따분하고 지겹다 못해 고통스럽기까지 하다. 그러므로 벤야멘타 학교에서 진짜 배우는 것은 바로 조급해하지 않고 "마음을 푹 가라앉히는 것", 다시 말해 아무것도 하지 않는 '무위'이다.

"진실한 인간이 가진 아름다움은 결코 눈에 보이지 않는다"

'무위'는 그냥 배워지는 것이 아니다. 그것은 자기 의지를 버려야만 배울 수 있다. 자기 의지를 버리기 위해 야콥은 자발적으로 하인이 되기를 선택한다. 하인이 된다는 것은 자신을 비우고 철저하게 타인의 의지에 맞추는 것이다. 다시 말해, '섬김'이라는 하인의 행위를 통해서 '무위'가 실천된다.

승가에서도 타인의 의지에 따라 자기 의지를 버리는 것은 수행의 첫 걸음이다. 처음 출가한 행자들에게 즐겨 들려주는 구정 선사의 이야기는 그 본보기이다.

구정 선사가 입산하던 날, 스승은 다짜고짜로 그에게 부엌에 솥을 걸라고 분부하고는 외출해 버린다. 하루 종일 정성을 다해 솥을 걸고는 해질녘 돌아온 스승에게 보여 주자 스승은 대뜸 솥을 잘못 걸었다고 하면서 내일 다시 걸라고 명했다. 다음날 날이 밝자 행자는 다시 솥을 걸기 시작했다. 한나절에 걸쳐 열심히 솥을 걸었다. 속으로 '이번에는 제대로 되었겠지'라고 생각하며 스승에게 보여 주었으나 스승은 더 크게 화를 내며 솥을 다시 걸라고 했다. 행자는 스승이 시킨 대로 군소리 없이 다시 솥을 걸기 시작했다. 이러기를 반복하여 아홉 번째가 되었을 때 스승은 비로소 솥이 제대로 걸렸다면서 행자를 제자로 받아들이고 '구정九鼎'이라는 이름을 붙여 주었다.

스승이 제자가 제대로 수행을 할 만한 그릇인지 시험하기 위해 일부러 골탕을 먹였지만, 자기를 버리지 않으면 진실한 수행자가 될 수 없다.

하인이 되려는 야콥의 선택은 출가자들이 자기를 버리고 세상에서 쓸모 있는 사람이 되기를 거부하는 것만큼 숭고하다. 세상 사람들은 무언가를 쟁취하고 성공하기 위해 바쁘게 움직이지만 라캉의 말처럼 '다른 사람의 욕망을 욕망'할 뿐, 전혀 주체적이지 못하다. 야콥은 세상 사람들이 추구하는 '성공적인 삶'을 거부하고 기꺼이 시대의 낙오자가 되기로 결심한다.

벤야멘타 하인학교의 학생들은 "잘 알지도 못하고 아무 연관도 없는 사람을 섬기도록" 교육받는다. 누군가를 섬기기 위해서는 자신을 완전히 수동적으로 만들고 외부에서 다가오는 것에 반응할 수 있어야 한다. 일견 굴욕적으로 보이는 하인의 삶의 방식은 자신을 완전히 수동적인 존재로 바꿈으로써 타인에 대해 무한히 자신을 개방한다. 그들은 세상을 향해 완전히 열려 있다. 그는 이 연관성 속에서 "세계에 대한 존경과 친밀한 경외감"을 느끼게 된다. 그리고 "모든 사람들이 자신과 어떻게든 연관되어 있다는 것을" 깨닫게 된다. 그들의 삶은 굴종과 허무로 끝나지 않는다.

하인은 주인을 섬기는 행위를 통해 '상황의 주인'이 된다. 그의 선행은 아무 보답을 받지 못하지만 『화엄경』의 연화장 세계가 보살의 행으로 장엄되듯이 '올바른 행실은 꽃이 만개한 정원'처럼 행복으로 인도한다. '눈곱만

큼의 이기심도 없는' 하인학교의 학생들은 지극히 겸손하고 심지어 비굴하지만, "성급히 승리에 도취되지 않고 사사로운 이익에 집착하지 않으며 쉬지 않고 충직하게 일하는, 열정적이고 겸손한 존재들"이다. 그들은 자기가 얼마나 보잘 것 없는지를 분명히 알고, 이를 묵묵히 견딘다. 아무 희망도 품을 수 없을 때, 우리는 비로소 세계의 참 모습을 알게 된다. 주인공 야콥은 그 잔인한 희망의 부재를 확인하고 견뎌 냄으로써 희망을 품지 않고도 삶을 긍정한다.

발저의 소설은 낮은 지위를 받아들이고 다른 사람을 섬기는 야콥의 선택을 통해 진정한 평화와 행복이 근대인이 추구하는 자유와 성공이 아니라 신화의 세계 언저리에 있던 하인의 무위와 수동성에 있음을 암시한다.

언제든지 공손하게 몸을 낮추는 명부전의 동자상들은 '주체적이고 진취적인' 근대적 인간이 아니라 신화 속의 '종속적이고 수동적인' 존재이지만 가장 진실하고 충직한 인간의 아름다움을 보여 준다. "진실한 인간이 가진 아름다움은 결코 눈에 보이지 않는다."

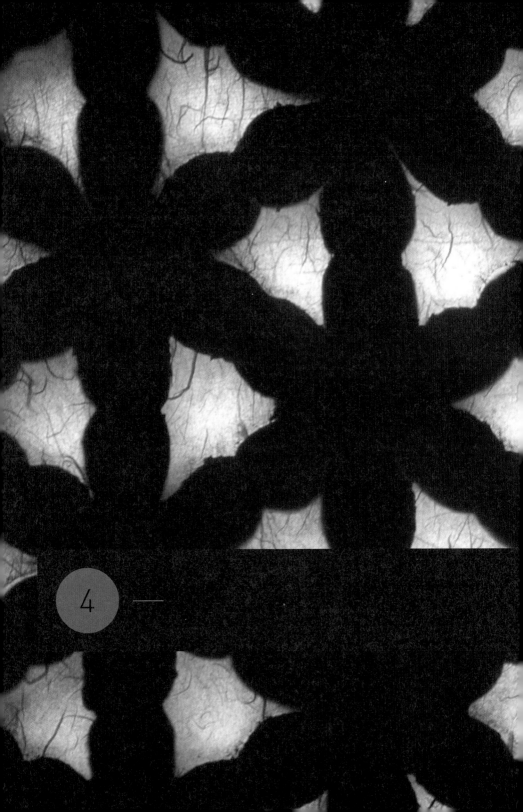

4 —

감각으로 감각을 넘어서다

오이디푸스와
아사세의
자기 인식

왕사성과 테베의 비극

『관무량수경』은 청정한 땅, 정토로의 구원에 대한 붓다의 가르침을 전하는
경전이다. 하지만 이 아름다운 이야기는 빔비사라 왕과 왕비 위제희 부인,
그리고 그들의 아들인 아사세 사이에서 일어났던 왕사성의 비극을 배경으
로 펼쳐진다.

늦도록 아들이 없었던 빔비사라 왕은 비프라 산에서 수행하는 선인이 삼

◀ 관경서분변상도 ─ 1312년에 제작된 고려 회화로 『관무량수경』의 내용을 몇 개의 장면으로 묘사하고 있다. 아사세가 칼을
뽑아 어머니를 죽이려고 하자 대신들이 만류하는 장면과 붓다를 바라보며 합장한 위제희 부인과 시녀들의 모습이 정성스럽기
그지없다. 일본 대은사 소장.

년 뒤에 왕자로 태어날 것이라는 어느 점성가의 이야기를 듣고 조급한 마음에 사람을 시켜 선인을 죽인다. 얼마 지나지 않아 왕비 위제희 부인은 태기를 느낀다. 왕자가 태어난 후, 아이가 원한을 품고 있다는 관상가의 말에 두려움을 느낀 왕은 높은 누각에서 갓난아이를 떨어뜨리도록 명령한다. 하지만 솜이불을 누각 밑에 쌓아 둔 위제희 부인의 모성애와 지혜 덕분에 살아난 아이는 다시 왕궁으로 돌아와 빔비사라 왕과 위제희 부인의 극진한 사랑을 받으며 성장한다. 그 아이가 바로 아사세이다.

그러던 어느 날 우연히 자기를 죽이려 한 부왕의 비밀을 알게 된 아사세는 원한에 가득 차서 왕위를 찬탈하고 부왕을 깊은 궁전에 유폐시킨다. 유일하게 면회가 허락된 위제희 부인은 몸에 꿀 반죽을 바르고 매일 왕을 찾아간다. 왕비의 음식을 먹으며 자신의 죄를 참회한 왕은 기사굴산에 있는 붓다를 향해 간절히 기원한다. 이렇게 하여 목련존자에게 팔계를 받고 부루나존자의 설법을 들은 왕은 몸과 마음의 평화를 얻었으나 그 사실을 알고 대노한 아사세에 의해 죽음을 당한다. 일찍이 왕위를 탐하여 아버지를 살해한 사람은 있었어도 어머니를 살해한 왕은 없었다는 대신들의 간언으로 간신히 죽음을 모면한 위제희 부인은 궁궐에 유폐된 이후 오로지 붓다를 생각하면서 구원을 청한다. 그 간절한 염원에 응하여 붓다가 신통력으로 위제희 부인 앞에 나타나서 아미타불과 극락세계에 대한 이야기를 들려준다. 한편, 아버지를 죽인 대역죄를 범한 아사세는 온몸에 흉측한 부스럼이 생겨 고생하자 비로소 잘못을 뉘우치고 붓다에 귀의하여 불법을 보호하는 훌륭한 왕이 되었다.

아사세 이야기는 '아버지를 죽이는 아들'이라는 소재 때문에 일찍부터

오이디푸스와 스핑크스 — 스핑크스의 수수께끼를 풀고 오이디푸스는 테베의 왕이 된다. 그러나 모든 것을 다 아는 현명한 왕은 그가 정말 알아야만 하는 것을 알지 못하는 어리석은 자였다. 이 장면은 많은 서양화가들의 상상력을 자극했다. 앵그르(좌)와 모로(우)의 작품.

소포클레스의 비극 『오이디푸스 왕』과 비교되었다. 뿐만 아니라 프로이트의 '오이디푸스 콤플렉스'에서 착안하여 '아사세 콤플렉스'라는 용어까지 만들어졌다. 정신분석학은 두 이야기의 '부친살해'와 '근친상간', 또는 '모친살해'에 주목하고 있지만, 우리가 귀 기울여야 할 대목은 무엇보다 인간의 앎과 그 앎에 의해 초래된 비극이다.

소포클레스의 『오이디푸스 왕』은 호메로스의 서사시 『오딧세이아』에서 가져온 신화를 토대로 하였지만 오이디푸스 개인의 비극적 운명과 신탁의

필연성, 그리고 인간 지식의 한계를 비극적으로 형상화하였다.

미래에 태어날 아들이 자신을 살해할 것이라는 신탁을 받은 테베의 왕 라이오스는 오이디푸스가 태어나자 신탁의 내용이 실현될 것을 두려워한 나머지 아들을 죽이라고 명령한다. 그런데 아기를 불쌍히 여긴 신하에 의해 오이디푸스는 이웃 나라 코린토스의 목동에게 보내지고, 왕가에 입양되어 왕자로 성장한다.

양부모를 친부모로 알았던 오이디푸스는 성장한 후 자신의 저주받은 운명을 알고는 그 운명을 피하기 위해 코린토스를 떠난다. 테베로 가는 길에서 사소한 시비로 한 남자를 살해하게 되는데, 그 남자가 바로 자신의 친아버지라는 사실을 까맣게 모른 채 자신의 고향 테베로 들어간다. 그때 테베의 왕비 이오카스테, 즉 오이디푸스의 생모는 테베를 어지럽히는 반인반수의 괴물 스핑크스를 죽이는 자가 나타나면 그와 결혼하여 왕을 만들겠다고 선언한다. 오이디푸스는 스핑크스의 수수께끼를 풀고 친어머니인 왕비와 결혼하여 두 아들과 두 딸을 낳는다.

오이디푸스는 선정을 베풀어 백성들의 추앙을 받았으나 어느 날 역병과 가뭄으로 나라가 위기에 빠지자 신탁을 묻는다. 친부를 살해하고 친모와 결혼한 악한이 이 나라에 살고 있기 때문이라는 신탁을 받고 그 악한이 누구인지 밝히는 과정에서 자신의 과거를 알게 된다. 모든 사실이 밝혀지자 왕비는 자살하고 오이디푸스는 스스로 눈을 파내고 방랑길에 오른다.

합리적 인식의 한계

"지식은 곧 권력이다"라는 베이컨의 말처럼, 오이디푸스에게 권력을 가져다준 원천은 바로 지식이다. 오이디푸스는 신적인 지식이 아니라 스핑크스의 수수께끼를 푼 인간적인 지식으로 왕이 되었고 지혜로운 왕으로서 훌륭하게 나라를 통치했다. 이십 년이 지난 후, 다시 위기에 처한 테베를 구하기 위해 그 원인을 찾아내야 할 때에도 그는 신적인 지식이 아니라 보고 듣고 추리하는 자신의 인간적인 지식에 의존한다.

그런데 모든 것을 다 아는 현명한 왕은 그가 정말 알아야만 하는 것을 알지 못하는 어리석은 자였다. 바로 아버지를 죽이고 어머니와 결혼한 자기 자신을 알지 못했던 것이다. 따라서 "아침에는 네 발로 걷고 점심에는 두 발로 걸으며 저녁에는 세 발로 걷는 동물이 무엇이냐"는 스핑크스의 수수께끼가 '인간'이라는 자기 인식에 대한 질문이었던 것처럼, 그에게 주어진 두 번째 수수께끼, 즉 "아버지를 죽이고 어머니와 결혼한 악인이 누구인가"라는 질문 역시 오이디푸스 자신을 향하는 질문이었다. 테베가 불행해진 원인을 찾아가는 과정은 곧 자신의 정체성을 밝히는 과정이었던 것이다.

마침내 자신이 근친살해와 근친혼을 행한 죄인이라는 사실이 밝혀지고, 그 결과 한때는 자신에게 권력을 가져다준 지식이 이제 왕위에서 물러나도록 하는 정반대의 결과를 가져다준다. 테베를 위기에서 구하여 왕이 되도록 한 지식의 추구가 결국 자신이 누구인지도 알지 못하는 맹목에 지나지 않았음을 자각한 오이디푸스는 스스로 눈을 파냄으로써 자신의 지식을 단죄한다.

『관무량수경』의 이야기는 아들인 아사세보다 어머니인 위제희 부인에게 초점을 맞추고 있지만, 왕사성의 비극의 중심은 아사세의 운명과 관련되어 있다는 점과, 자기 운명에 대한 아사세의 앎이 비극의 첫 출발이었다는 점에서 오이디푸스 이야기와 유사한 구조를 갖는다.

그런데 아사세 이야기에서 주목할 점은, 아사세의 벗이자 붓다의 사촌인 데바닷타^{Devadatta}가 왕사성의 비극과 깊이 연루되어 있다는 사실이다. 실제로 아사세의 왕위 찬탈은 데바닷타의 교단 분열의 시도와 결합되어 거의 같은 시기에 발생한 사건으로 기록되어 있다.

그런데 불교사에서 가장 악한 인물로 그려지는 데바닷타는 오늘날의 관점에서 보면 근본주의에 입각해 종교개혁을 꿈꾸는 이상주의자에 가깝다. 그가 분소의^{糞掃衣}를 입고 소금이나 유제품을 먹지 않고 하루 한 끼 걸식을 하면서 숲이나 나무 아래에서 잠을 자는 초기 교단의 유행 생활로 돌아가자고 주장하며 석가모니불을 비판했던 것을 보면 단순히 교단의 지도자가 되겠다는 개인적인 욕망보다 엄격하게 원칙을 고집하는 근본주의적인 성격이 두드러진다.

융통성 없는 데바닷타가 보기에 석가모니불은 자신이 만든 계율조차 위반하는 무원칙적인 인물, 비합리적인 종교지도자였다. 따라서 붓다가 제정한 계율의 순수성을 지키기 위해 자신이 불교 교단의 지도자가 되어야 한다고 결론 내린다. 그런 점에서 데바닷타는 비록 붓다 시해를 도모한 대역 죄인이지만 원리 원칙에 입각한 합리적 지성을 대표한다.

교단의 지도자가 되기 위해 그는 먼저 아사세의 신임을 얻은 다음, '아사세는 전륜성왕이 되고, 자신은 제2의 붓다가 되자'는 명분을 앞세워 아사세가 빔비사라 왕을 폐위하도록 적극 사주한다. 물론 그의 모반은 아사세가 붓다에 귀의함으로써 실패로 끝난다.

오이디푸스의 비극이 운명 자체에 의해 결정된 것과 달리, 아사세의 부친살해와 모친유폐는 빔비사라 왕이 과거에 저지른 악행의 결과일 뿐이다. 그렇다고 해도 이는 계속되는 복수를 정당화할 뿐, 그 악행의 고리를 깨부수지 못하고 오히려 아버지를 살해하는 비극을 낳는다.

마찬가지로 계율을 완화시키는 지도자를 제거하려는 데바닷타의 교단 분열 시도는 언뜻 보기에 합리적으로 보인다. 하지만 데바닷타의 비판은 계율의 조항에 얽매인 형식주의에 지나지 않는다. 불교 계율은 행위를 규제하기보다 주체적으로 반성하고 자각적으로 행동하도록 하여 수행자를 깨달음으로 이끌고 승가를 오래도록 유지하는 것을 목표로 한다. 불교에서는 계율에 대한 집착마저 허용하지 않는다. 그것은 사사로운 욕망과 무관한 듯 보이지만 결국 '나만 옳다'는 독선으로 끝나기 때문이다.

소포클레스의 『오이디푸스 왕』에 대한 해석은 역사적으로 여러 가지가 있지만, 포스트모더니즘 이후 이 작품은 서양의 이성주의와 그 한계에 대한 최초의 경고로 해석된다. 오이디푸스 이야기에서 자기 인식은 비극의 출발점이지만, 아사세의 이야기에서 자기 인식은 더 많은 증오와 복수, 고통을 초래하는 원인이다. 아사세뿐만 아니라 데바닷타에게도 합리적 인식은 결국 자신의 근원인 아버지와 붓다를 부정하는 결과를 가져왔다. 포스트모던적 지식론에 따르면, 한계를 자각하지 못하는 지식은 파멸을 가져올 뿐이다. 오이디푸스에게도, 아사세에게도, 데바닷타에게도 그것은 더 큰 비극을 안겨 줄 뿐이었다.

그렇다면 구원은 어디에 있는가?『오이디푸스 왕』이 스스로 운명과 그 운명이 초래한 비극적 고통을 떠맡는 자기 결정을 통해 인간 지식의 한계를 뛰어넘는 가능성을 제시한다면,『관무량수경』이 제시하는 구원의 길은 무엇인가?

『관무량수경』의
16관법

범람하는 이미지

현대를 이미지 범람의 시대라고 한다. 사진, 영화, 텔레비전 드라마, 디자인, 광고, 게임, 만화, 유튜브, 인터넷 등 과거와 비교할 수 없을 정도로 많은 이미지들이 매순간 쏟아지고 있다. 사람들은 길을 가든 지하철을 타든 스마트폰을 보느라 정신이 없고, 젊은이들은 얼굴을 마주보고 이야기하는 것보다 문자메시지나 디지털이미지를 통하는 것이 더 편하다고 한다.

　이제 가상과 진상의 경계가 불분명해지고 이미지들로 이루어진 가상현실이 진짜 현실보다 더 진짜 같고 더 익숙해졌다. 또한 논리적인 사유나 반성적 성찰보다 눈으로 보고 판단하는 디지털적인 감수성이 더 호소력이

있는 시대가 되었다.

  그런데 우리의 감각에 호소하는 이미지들은 감각을 일깨워 우리의 경험을 풍부하게 하기보다 오히려 과도한 이미지 때문에 전례에 없던 감각의 혹사를 경험하게 한다. 특히 디지털이미지는 '파편처럼 단편적인 양상으로 다가오기 때문'에 더욱더 파괴적이다. 그렇다면 범람하는 이미지 한가운데에서 우리 자신을 지키고 감각을 구제하는 길은 무엇일까?

  역설적이게도 감각을 구제하기 위해 가장 먼저 필요한 것은 감각의 지멸止滅이다. 따라서 아사세에 의해 궁전에 유폐된 위제희 부인이 붓다에게 하늘에서 내려와 주기를 간절하게 요청했을 때, 붓다가 극락정토에 왕생하는 수행법으로 제시한 것이 바로『관무량수경』의 16관법이다.

감각으로 감각을 구제하는 16가지 방법

『관무량수경』의 16관법의 제1관은 바로 저무는 해를 관상하는 일몰관日沒觀이었다. 일상관日想觀이라고도 부르는 이 관법은 감각을 통해 감각을 사라지게 한다. 빛은 우주 만물의 근본이고 생명의 근원이지만 동시에 삼라만상의 현상적인 차별을 드러내기 때문에 태양의 저묾은 곧 각양각색의 이미지로 이루어진 현상세계의 사라짐을 의미한다. 지는 해와 함께 조용히 어둠이 찾아오면, 감각도 사라지고 수많은 이미지로 형성된 차별적인 현상세계도 사라진다. 어둠 속에서 마음은 평등하고 차별이 없는 적멸의 세

◀ **관경십육관변상도** — 범람하는 이미지 한가운데에서 우리 자신을 지키고 감각을 구제하는 길은 무엇일까? 역설적이게도 감각을 구제하기 위해 가장 먼저 필요한 것은 감각의 지멸이다. 1323년 고려 시대에 제작된 것으로 현재 일본 지은원 소장.

계로 들어가 깊은 휴식을 경험한다.

붓다는 사랑하는 남편을 잃고 아들에게 배반을 당해 말로 다할 수 없는 고통과 슬픔을 겪는 위제희 부인에게 지평선 너머로 사라지는 태양을 말 없이 관조하도록 하였다. 서쪽으로 지는 해를 바라보며 의식을 집중하자 위제희 부인의 들끓었던 마음도 가라앉았다. 고통과 원망도 사라졌다.

그런데 위제희 부인이 왕생하기를 희망했던 아미타불의 극락세계는 모든 차별이 사라져서 아무것도 존재하지 않는 무미건조한 세계가 아니다. 그곳은 가장 즐거운 세계, 따라서 무의식에 침잠한 무無의 경계가 아니다. 그러므로 감각이 잦아들고 맑고 명징한 정신이 깨어나면, 태양이 저문 그곳이 어둠의 세계가 아니라 맑고 투명한 빛의 세계였음이 드러난다.

제2관으로 맑고 투명한 물을 관상하는 수상관水想觀을 통하여 마음을 하나로 통일하면, 명징한 마음은 마치 얼음처럼 투명하게 안팎을 꿰뚫어 볼 수 있다. 극락세계의 유리같이 투명한 땅 아래로 금으로 만든 당번이 대지를 떠받치는 모습도 볼 수 있고, 그 당번이 칠보로 장식되어 있으며 여덟 면에 달려 있는 백 가지의 보배구슬이 일만 사천 가지 색으로 광채를 더하는 모습도 볼 수 있다.

이처럼 빛으로 가득 찬 아미타불의 세계, 극락정토는 모든 존재가 찬연하게 빛나는 세계이다. 하나의 근원에서만 빛이 유출되는 사바세계와 달리 극락세계는 무한한 빛의 붓다인 아미타불뿐만 아니라 이 세계의 모든 존재가 빛을 내고 있다. 서로가 서로를 비추는 빛 물결 가운데 주체도 없고 객체도 없는 일미평등一味平等한 법계가 펼쳐진다.

제3관인 지상관地想觀은 수상관을 분명하게 관하여 그 영상이 눈을 감았

관경십육관변상도 세부 — 온갖 보석으로 장식된 누각과 비파, 장고, 피리 등의 악기가 끈에 묶인 채 떠 있어 맑은 바람이 불 때마다 아름다운 풍경소리가 들리는 듯하다. 극락세계에서 소리와 이미지는 감각적 즐거움으로 마음을 흐리는 방해꾼이 아니라 깨달음을 가져다주는 특별한 수단이 된다.

을 때나 떴을 때 흩어지지 않게 하는 것이다. 『관무량수경』에서는 "이 땅을 관하는 사람은" 이 관법을 통해 삼매를 얻으면 불국토를 분명하게 보아 "80억겁 생사의 죄를 면하게 되고 죽은 후 극락세계에 태어난다"고 전한다.

따라서 극락세계에서 감각은 억제되거나 무시되는 것이 아니라 있는 그대로의 세계를 비추는 진실한 것이다. 유리로 만들어진 땅 위로 난 황금의

도로와 그 위로 쏟아지는 무한한 빛, 온갖 보석으로 장식된 누각과 맑은 바람이 불 때마다 들리는 아름다운 풍경소리, 나무와 연못, 누각까지도 모두 보석으로 장식되어 있어서 마치 '백억의 태양과 달이 한데 모여 비치는 것'과 같이 빛으로 가득 차 있다. 감각은 맑고 미묘한 물소리와 누각에서 천인들이 연주하는 천상의 음악을 예민하고 또렷하게 지각한다.

감각은 이 모든 다양한 것들을 맑고 또렷하게 꿰뚫어 보고, 현상세계에서 '무상, 고, 무아'를 깨닫고, 붓다와 붓다의 가르침, 수행자를 기억하도록 한다. 다시 말해, 극락세계에서 소리와 이미지는 감각적 즐거움으로 마음을 흐리는 방해꾼이 아니라 깨달음을 가져다주는 특별한 수단이 된다.

제7관 화좌상관華座想觀과 제8관 상상관像想觀은 눈을 감거나 눈을 뜨거나 연꽃 위에 앉아 있는 아미타불을 관상하고, 좌우에 있는 관세음보살과 대세지보살의 모습을 상상한다. 이때 무량수불이나 관세음보살과 대세지보살의 형상은 실재적인 존재가 아니라 상상의 산물이다. 하지만 한 번 붓다를 생각하면 내 마음이 한 번 붓다가 되고 두 번 붓다를 생각하면 내 마음도 두 번 붓다를 닮게 되는 것이니까 이렇게 적극적으로 붓다와 국토를 상상하면서 내가 진실하게 붓다를 맞으러 가면 붓다가 나를 맞이하러 올 것이다.

제9관 진신관眞身觀을 통해 마침내 아미타불을 보고 이어서 관세음보살과 대세지보살도 만난다. 아미타불을 보았을 때의 감격과 아름다움을 경전에서는 "키는 육십만억 나유타항하사유순이며, 미간의 백호는 바른쪽으로 우아하게 돌아, 〔……〕 다섯 개의 수미산과 같고 아미타불의 눈은 사해의 물과 같이 푸르고 빛난다. 〔……〕 온몸의 모공에서 빛이 흘러나와 수미산

같고 아미타불의 원광은 백억 삼천대천세계와 같다. 그 광명 속에 백만억 나유타항하사의 화불이 있고 낱낱 화불마다 무수한 화보살이 있다"고 기록하고 있다.

제12관 관상법인 보관상관普觀想觀은 자신이 극락세계에 왕생하여 연꽃 속에 결가부좌를 하는 모습을 상상하는 것이다. 연꽃 속에서 하늘에 가득 찬 불보살을 보고 목소리를 듣는다. 이 단계에서 보는 자와 보이는 것이 하나로 통일된다.

제13관 잡상관雜想觀은 아미타불이 신통력으로 시방세계 어느 곳이든 나타나는 모습을 보는 것이다. 어떤 때는 큰 몸으로 나타나고 어떤 때는 일장육척의 작은 몸으로 나타난다. 이 단계는 상상의 이미지와 진짜 아미타불이 진실로 하나가 되어 극락세계가 모두 아미타불의 광명에 조응하고 삼천대천세계가 모두 그 광명 속에 존재하게 된다. 이로써 극락세계에 대한 관상이 끝나는데, 이를 정선定善이라고 하여 일정한 수행을 거친 자들이 행할 수 있다고 한다.

남은 세 가지 관법은 상·중·하의 자질에 따라 염불하는 것인데, 부모를 죽이거나 탑이나 절을 파괴하는 등 큰 죄악을 저지르거나 몸과 말과 마음으로 지은 열 가지 악업을 저지른 흉악한 자들도 임종 때 지극한 마음으로 아미타불을 염불하면 80억겁의 죄악을 용서받고 극락왕생한다. 그 후 12대겁이 지나면 비로소 연꽃이 피는데, 그때 관세음보살과 대세지보살의 자비로운 음성을 듣고 기쁨을 얻는다. 이를 산선散善이라고 한다.

이처럼 극락세계의 지극한 즐거움은 감각적 욕망에 좌우되는 것이 아니다. 따라서 『관무량수경』에 소개된 극락세계의 이미지를 시각화하는 열여섯 가지 관법은 일반적인 명상 수행과 달리 감각을 부정하지 않는다.

불국토는 붓다의 지혜로 이룩한 세계이다. 따라서 이 세계를 우리에게 보여 주는 본래의 목적은 그 세계의 아름다움을 찬탄하는 것이 아니라 그 세계를 본 사람들이 청정한 마음을 갖도록 하는 것이다. 결국 불교는 번뇌에 오염된 마음을 청정하게 하는 것이 목표이므로 극락세계를 관상하는 『관무량수경』의 16관법도 마음을 청정하게 하는 방법이다. 무량수불의 저 아름다운 세계를 관상함으로써 위제희 부인의 죄업이 소멸되고 청정해졌다.

관세음보살,
소리로
마음을 보다

소리는 소리를 듣지 못한다

세상의 소리는 고통으로 가득 차 있다. 그 소리를 듣고 부르는 곳마다 달려가서 고통을 씻어 주고 상처를 어루만져 주는 이를 관세음觀世音보살이라고 부른다. 그런데 관세음보살이 세상의 모든 소리를 듣고 거기에 응답할수 있는 것은 특별한 귀를 가졌기 때문이 아니다. 자비의 어머니는 그저 세상의 소리를 관조할 뿐이다.

천의 눈과 천의 팔을 가진 관세음보살이 세상의 모든 소리와 모습에 응답할 수 있는 것은, 중국의 대문호 소식蘇軾이 이야기했듯이 세상 사람들의 두 눈과 두 팔은 보고 듣는 데 정신이 팔려 세상의 고통에 제대로 응답하

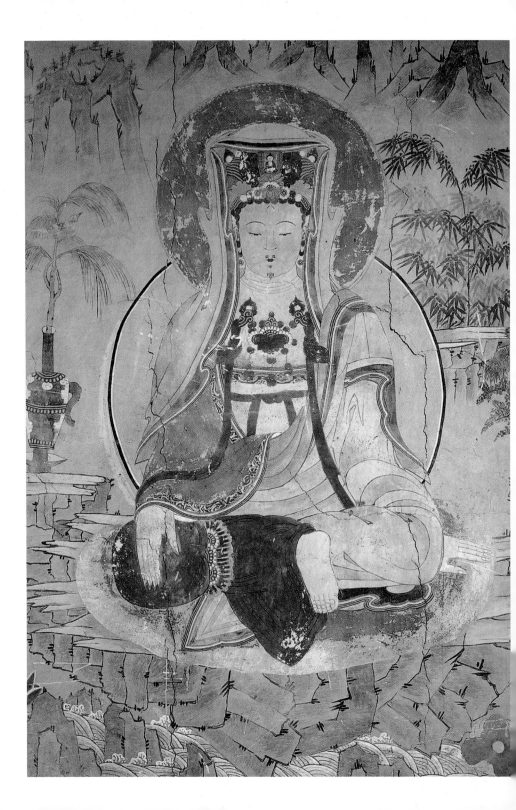

지 못하는 것과 달리 천의 눈과 천의 팔이 하나의 눈과 팔이 되어 모든 분별을 버리고 일심으로 응하기 때문이다.

> 내가 관찰해 보니 세상 사람들은 두 눈과 두 팔이 있지만
> 사물이 다가와도 응할 수 없고 홀딱 빠져서 둘 곳을 잃어버리네.
> 만약 사물에 응하려고 하면 전도顚倒되어 분별을 하노니,
> 분별은 진실되지 않아 팔과 눈이 없는 것과 다름없다네.
> 보살의 천 개의 팔과 눈은 하나의 팔과 눈과 같아서
> 사물이 다가오면 마음도 다가가니 일찍이 분별한 적 없어
> 응해야 할 바를 따르니 합당하지 않음이 없네.
> ─소식, 『대비각기大悲閣記』

소리가 고통인 것은 소리 자체의 운명이 아니다. 거기에 얽혀 있는 자기가 소리를 괴로움으로 만든다. 소리가 자기 소리인 한, 그것은 고통의 표현에 머물 수밖에 없다. 그러므로 세상의 소리에 소리로써 대답하는 것은 괴로움에 대하여 괴로움으로 대답하는 것이며 자기와 또 다른 자기가 대립하는 것에 지나지 않는다. 세상의 소리는 대립과 투쟁의 산물이며 마음을 혼탁하게 할 뿐이다. 소리를 맑히려면, 그리하여 괴로움에서 벗어나려면, 자기 소리가 끼어들면 안 된다. 그러므로 관세음보살은 추호도 자기

◀ 운문사 대웅보전 후불벽화 ─ 미적 관조는 공간, 시간, 인과성에서 해방된 오로지 대상에 대한 전체적인 의식이며 '명석한 거울'이다. 순수한 미적 체험은 고통으로부터의 해방을, 관세음보살의 자비처럼 고통과 슬픔에 깊은 위로를 가져다준다. 운문사 사진 제공.

소리를 허락하지 않았다.

소리를 따라 침묵의 세계로 들어가다

소리는 소리를 듣지 못한다. 그러므로 소리가 소리를 구제할 수 있다면 그 것은 소리의 순수성으로, 소리 그 자체로 돌아감으로써 가능하다. 다시 말 해 소리가 자신을 부정하고 스스로 무화될 때 침묵의 소리는 내면으로 침 잠할 수 있다.

소리를 따라 침묵의 세계, 적묵의 세계로 들어간다는 것은 분명 역설이 다. 『능엄경』에서 관세음보살은 소리를 돌이켜 자성을 깨닫는 '반문자성反 聞自性'을 통하여 '이근원통耳根圓通'을 얻었다. 귀를 틀어막고 소리를 듣지 않 는 것이 아니라 자기 소리를 그치고 세상의 모든 소리에 귀를 열어 놓음으 로써 완전한 깨달음을 얻은 것이다.

외부에서 들려오는 소리를 따라 수행하기를 권했던 것은 소리에는 안과 밖이 없기 때문에 순전히 바깥에만 있는 색이나 모양을 통한 수행보다 소리 를 듣는 수행이 인간에게 더 쉽기 때문이지 다른 이유가 있는 것은 아니다.

사실, 눈을 감고 귀를 막음으로써 바깥세상의 사물에 흔들리지 않는 초 연한 마음의 상태를 얻는 것은 이승二乘의 하열한 근기나 하는 수행이지, 예로부터 선가의 수행자들은 세상의 모든 경계와 모든 소리에 자신을 열 어 둠으로써 깨달음을 얻었다. 어떤 감각 능력이든 하나를 끊으면 일체를 끊게 되고 하나를 증득하면 일체를 증득하게 된다.

눈과 귀는 원래 자취가 없거늘

그 가운데서 누가 완전한 깨달음을 얻을 수 있을까?

텅 비어 형상 없는 곳에서 몸을 뒤치면

개 짓는 소리, 나귀 울음소리 모두 도를 깨침이네.

ㅡ『나옹화상가송』

향엄 스님은 무심코 던진 돌멩이가 대나무에 부딪쳐 나는 '딱' 소리에 크게 깨달았고, 서산 대사는 마을을 지나다 대낮에 닭이 홰를 치며 크게 우는 소리에 모든 의심이 사라졌다. 또 한암 스님은 입선을 알리는 죽비 소리에 크게 깨쳤다. 그들에게 소리는 귀를 멀게 하는 미망의 근원이 아니라 깨달음의 기연機緣이었다.

"한번 부딪치는 소리에 아는 것을 잊어버리고", '딱' 하는 맑고 낭랑한 대나무 소리에 문득 마음을 깨닫는다. 미망은 연기처럼 사라지고 번뇌는 구름처럼 흩어져 본래의 맑고 명징한 마음이 그대로 드러난다. 자기 소리도 세상의 소리도 사라지고 듣는 사람도 들리는 소리도 없으며 몸도 없고 대나무도 없는 경계에서 소리는 모든 시간과 단절되어 영겁의 순간에 멈춘다. 이제 소리는 소리이기를 그치고 사물과 자아를 초월하고 시간과 공간을 초월한다.

한 점의 티끌도 없는 순수의식의 상태에서 소리는 있는 그대로 또렷하게 눈앞에 나타난다. 산하대지가 모두 명징하게 지각된다. 맑고 텅 빈 마음은 물건이 오면 오는 대로 가면 가는 대로 붙잡지 않고 비추는 거울처럼 세상의 모든 사물을 비춘다. 좋아하거나 싫어하는 마음 없이, 이기적 목적이나

여수 흥국사 원통보전 천수천안관세음보살
— 관세음보살이 세상의 모든 소리와 모습에 응답할 수 있는 것은 천의 눈과 천의 팔이 하나의 눈과 팔이 되어 모든 분별을 버리고 일심으로 응하기 때문이다.

분별이 없이, 담담하게 모든 것들을 있는 그대로 비출 뿐이다. 텅 비어서 맑고 담담하며 고요한 그 마음은 바깥세상의 경계에 동요되지 않는다. 관조한다는 것은 이처럼 순수한 주시, 즉 무심無心의 상태에서 순수하게 듣는 것을 말한다.

> 빈산에 사람은 보이지 않고
> 사람의 말소리만 들릴 뿐,
> 저녁 햇빛이 깊은 숲속까지 들어와
> 다시 푸른 이끼 위를 비춘다.
> ─왕유, 「녹시鹿柴」

왕유의 시에서 보이지 않는 사람의 말소리는 그야말로 소리 그 자체로서, 귀를 통해 지각된 현상이다. 사람의 말소리는 텅 빈 산과 더불어 유有와 공空의 대조를 이루고 있지만 그것이 뚜렷하게 들리는 까닭은 산이 텅 비어 인적이 없기 때문이다.

그러나 정말 비어 있는 것은 산이 아니라 마음이다. 순수한 직관의 상태에서 의식의 분별작용이 멈추었기 때문에 조금도 누락되거나 듣지 못하는 것 없이 모든 소리를 맑은 물에 투영되는 달그림자처럼 선명하고 또렷하게 지각한다. 소식이 〈참요 스님을 보내며〉에서 읊었던 것처럼 "고요하기 때문에 모든 움직임을 깨닫고 텅 비어 있기에 만 가지 경계를 받아들인다." 이제 소리는 바깥세상에 존재하는 대상의 소리가 아니라 근원적인 마음의 현현이다.

쇼펜하우어의 '무관심적 관조'와 관세음보살의 구원

차원은 다르지만 쇼펜하우어의 '무관심적 관조'는 자기를 잊고 소리에서 자성을 깨닫는 선적 체험과 유사한 점이 있다. 쇼펜하우어에 따르면, 세계는 인간의 맹목적인 의지의 충동에서 발생한 것이며 의지는 욕구, 결핍, 고통에서 기인한다. 이러한 결핍과 고통은 현세에서 결코 해소될 수 없지만 무관심적 관조를 통해 예외적으로 의지로부터 해방될 수 있다.

관조는 자신을 잊는 것으로부터, 그래서 세계에 대한 객관적 인식을 떠나 존재하는 것에 대한 집착을 버림으로써 가능하다. 그것은 오감의 만족에서 오는 쾌적함도 아니요, 대상에 대한 객관적 판단도 아니며, 도덕적 선악의 판단도 아니다. 어떤 대상을 소유하고자 하는 관심과는 더욱 무관하다. 쇼펜하우어는 이러한 태도를 '무관심적'이라고 명명하고 미적 관조의 두드러진 특징으로 보았다. 『능엄경』에서 말하는 번뇌와 욕망, 분별적

사유로부터 벗어난 현성現成 경계처럼, 미적 관조는 공간, 시간, 인과성으로 부터 해방된, 오로지 대상에 대한 전체적인 의식이며 '명석한 거울'이다.

쇼펜하우어에 따르면, "예술만이 순수한 관조를 통해 파악된 영원한 이념들을 표상"하기 때문에 이 상태에서 우리는 비로소 삶에 대한 맹목적인 의지의 충동에서 벗어나 잠시 고통을 잊을 수 있다. 다시 말해, 예술을 통해 얻는 즐거움은 욕망의 충족에서 오는 즐거움과 달리 이기적 관심이나 목적의식에서 벗어난 순수한 즐거움이기 때문에 고苦의 현실로부터 구원을 약속한다.

쇼펜하우어에게 예술에 대한 미적 관조는 고통으로부터의 해방이라는 구원의 힘에 연결되어 있다. 그런 점에서 예술은 관세음보살의 구제와 비교된다. 비록 관세음보살의 자비처럼 궁극적이고 실제적인 것이 아니라 일시적인 고苦로부터의 해방과 위로를 가져다줄 뿐이지만, 순수한 미적 체험은 종교적 체험과 마찬가지로 고통으로부터의 해방을, 관세음보살의 자비처럼 우리들의 고통과 슬픔에 깊은 위로를 가져다줄 것이다.

사물,
소리가 주는
정화의 힘

소리의 끝은 침묵

소리가 소리를 구제할 수 있다면, 커다란 종의 긴 울림처럼 침묵에 가까울 때, 소리가 자신을 부정하고 스스로 무화될 때, 바로 그때가 아닐까? 소리가 주는 정화의 힘, 삶의 고苦를 잠시나마 잊도록 하는 힘은 종교적 체험이 아니더라도 예술적 경험으로도 느낄 수 있다. "모든 예술은 음악의 상태를 동경한다"라는 쇼펜하우어의 명언처럼 음악이 주는 위안은 어떤 예술 장르보다 직접적이고 강력하다.

　쇼펜하우어 미학에서 음악은 이념을 모사한다고 알려진 다른 예술장르와 달리 현상세계 배후에 존재하는 물자체인 의지를 모사한다. 따라서 음

악은 다른 어떤 예술장르보다 강력하게 의지의 맹목적인 충동을 잠재우고 이기적 욕망이나 사념에서 벗어나게 한다.

이 상태에서 주관은 '순수하며, 의지와 고통이 없고, 비시간적인 인식의 주체'로서, 즉 완전한 망아^{忘我}의 상태에서 대상의 개별적인 모습에 몰입하여 구체적인 이미지와 하나가 된다. 이처럼 모든 욕망에서 벗어난 순수한 인식의 상태를 불교적으로 말하면 무심 또는 삼매라고 한다. 세상의 모든 소리를 듣고 구제하는 관세음보살처럼 음악은 삶의 고통에서 잠시나마 벗어나게 해준다.

모든 종교음악은 음악을 통한 구원을 지향한다. 절집에서는 뭇 생명을 구제하기 위하여 아침저녁 예불 때마다 사물^{四物}을 쳐서 소리를 울린다. 사물은 범종, 법고, 운판, 목어 등 단조로운 소리만 내는 타악기로 구성되어 있지만 어떤 현란한 악기보다 더 깊이 울림을 남긴다.

내면의 소리, 범종

소리가 단순하면 단순할수록, 느리면 느릴수록 더 침묵으로 다가가 그 침묵의 소리로 인해 더 깊이 내면으로 침잠하게 된다. 조지훈 시인의 〈범종〉에서 노래했듯이 "웅 웅 웅 웅 웅" 크게 귓가를 울리다가 아득히 멀어져 가는 범종 소리와 더불어 마음도 잦아든다. "죽은 者가 깨어서 말하는 時間, 산 者가 죽음의 神秘에 젖은" 어두운 새벽의 산사에 울려 퍼지는 종소리

◀ **상원사 동종 주악비천상** — 우리나라에서 가장 오래된 동종인 상원사 동종에는 천의 자락을 흩날리며 공후와 생황을 연주하는 비천상이 새겨져 있다. 경쾌하고 생동감이 넘친다.

가 절집을 울리고 산하를 울리고 멀리 삼십삼천까지 울려나가 법계를 가득 채우면 지옥의 중생도 모든 고통에서 벗어나 휴식을 취할 수 있으리라.

아침저녁 예불 시간과 사시마지巳時麻旨 때 타종하는 범종은 안에서 밖으로 퍼져 가는 서양의 종소리와 달리 바깥에서 안으로 소리를 모아 진동하면서 퍼져 나가기 때문에 묵직하고 낮은 소리를 낸다. 특히 우리나라 범종은 대나무 모양의 음관이 있어서 음색이 맑고 그윽하다. 누가 그랬던가? 붓다의 목소리를 해조음이라고. 쏴하고 밀려왔다가 쏴하고 밀려가는 파도 소리처럼 범종의 크고 고요한 소리는 귓전에 다가와 은근하게 마음을 감싸 준다.

이 음악은 과연 누가 연주할까? 어두운 밤, 지옥을 밝혀 주고 삼십삼천을 맑히는 이 청정한 소리는! 삼십삼천에 사는 천상의 존재들이 하늘에서 지상으로 내려온 것일까? 상원사 동종에 새겨진 〈주악비천상〉처럼 구름을 타고 내려오는 것일까?

상원사 동종에 새겨진 두 비천상은 천의를 휘날리며 바람을 타고와 생황과 공후를 연주한다. 정면을 향해 날아오는 두 비천상은 경쾌하고 생동감이 넘친다. 하단의 띠 부분에도 비파와 장고, 피리를 부는 주악상이 새겨져 있어 종은 소리를 내지 않아도 소리로 가득 차 있다. 쇠에 새겨진 미묘하고 부드러운 곡선은 그들이 연주하는 음악을 듣는 듯하다. 마치 칸딘스키가 바그녀의 〈로엔그린〉을 감상하다가 음 하나하나가 색채로 보이는 경험을 한 것처럼, 몬드리안의 〈브로드웨이 부기우기〉가 경쾌하고 밝은 점과 색들로 재즈의 선율을 묘사한 것처럼, 신라 범종에 새겨진 천의 자락은 법계에 퍼져나가는 종소리의 여음과 같다.

놀랍게도 비천상에는 날개가 없다. 가
냘프고 호리호리한 몸매와 휘날리는 천
의만으로 가볍게 날아온다. 마치 무중력
상태에서 날아오는 듯 날개 없이도 하늘
을 난다. 천사에게 날개가 있다고 생각했
던 서양 사람들과 달리 동양 사람들은 몸
을 가볍게 하면 날아오를 수 있다고 생각
했다. 바로 이 상상력의 차이가 동서양 문
명의 방향을 결정했다. 천사의 날개를 그
렸던 서양 문명이 비행기를 발명하는 동
안, 동양 문화는 마음을 닦고 몸을 가볍게

여수 흥국사 범종 — 누가 그랬던가? 붓다의 목
소리를 해조음이라고. 쏴하고 밀려왔다가 쏴하
고 밀려가는 파도 소리처럼 범종의 크고 고요
한 소리는 귓전에 다가와 은은하게 마음을 감
싸 준다.

하는 데 열중했다. 비록 문명의 이기는 만
들지 못했지만, 몸을 가볍게 하면 하늘을
날 수 있다는 동양적 상상력은 우주여행의 시대에 여전히 매력적이지 않은
가? 중력이 없는 우주 공간에서는 날개가 없어도 날 수 있으니까.

〈비천상〉, 특히 〈주악비천상〉은 범종을 비롯하여 법당의 천장, 처마 밑,
그리고 수많은 불화에서 무중력 상태로 떠다니며 천상의 음악을 연주하고
있다.

목어와 운판

무언가를 두드려서 소리를 내는 타악기는 몸의 힘을 싣지 않으면 소리가

여수 흥국사 운판 — 운판의 소리는 날짐 승과 떠도는 영혼을 구제하는데, 하늘을 상징하는 구름 무늬의 운판에 해와 달, 그 리고 천녀 두 명을 대칭시키고 있다. 부드 럽고 유연한 곡선과 단순한 구도가 잘 조 화된 운판이다.

잘 나지 않는다. 온 힘을 다해야 비로소 소리가 난다. 긴 나무를 물고기 모 양으로 만들고 속을 파내어 안쪽의 벽을 두 개의 나무 막대기를 엇갈려 치 면서 소리를 내는 목어는 사물 가운데 가장 힘이 드는 악기이다. 양손을 엇갈리게 밀고 당기는 매우 단순한 동작을 반복하면 되지만 온전히 팔의 힘만으로 나무를 쳐서 소리를 내야 하기 때문이다.

수중 생물을 구원한다는 목어의 소리는 항상 눈을 뜨고 있는 물고기처럼 졸지 말고 수행하라는 의미도 담고 있다. 목어와 마찬가지로 물고기 모양 을 형상화한 목탁은 크기가 작아 의례 집전용으로 널리 사용되는데, 이른 새벽 스님들이 도량석道場釋을 하며 목탁을 치듯 어두운 세상에 목탁 소리 는 항상 깨어 있도록 우리를 경책한다.

조지훈의 〈古寺 1〉은 "木魚를 두드리다 / 졸음에 겨워 // 고오온 상좌아 이도 / 잠이 들었다. // 부처님은 말이 없이 / 웃으시는데"라며 늘 깨어 있 으라는 경책에도 불구하고 잠을 이기지 못해 고단하게 잠든 상좌아이와 적정삼매에 든 붓다의 미소를 통하여 미혹함과 깨달음이 둘이 아닌 동체

운문사 목어 — 수중 생물을 구원하는 목어의 소리는 항상 눈을 뜨고 있는 물고기처럼 졸지 말고 수행하라는 의미를 담고 있다.

대비同體大悲의 세계를 펼친다.

　그야말로 뭉게구름 모양의 운판은 사물 중 가장 간단한 기구로, 청동이나 철로 된 얇은 판을 긴 막대기로 쳐서 소리를 낸다. 운판의 소리는 날짐승과 떠도는 영혼을 구제한다고 하는데, 운판에는 하늘을 상징하는 구름이나 해와 달, 또는 용이나 비천상이 새겨져 있거나 '옴마니반메훔' 같은 진언이 새겨져 있다. 다른 악기에 비해 가볍고 경쾌한 소리를 내는 것이 특징이다.

법을 전하는 소리, 법고

북은 인류의 가장 오래된 악기 중 하나로 다양한 용도가 있지만, 법을 전한다고 하여 법고라고 부른다. 예불뿐 아니라 각종 재를 지내거나 의례를 행할 때 사용되는데, 쇠가죽을 이용하기 때문에 축생을 구원한다는 의미가 덧붙었다. 상서로운 일이 있을 때 하늘의 북, 천고가 울린다고 하듯이 법고는 여러 가지 상징적 의미가 있어서 법고를 받치는 법고대는 거북, 해치, 사자 등 상서로운 동물이나 연꽃의 형태로 조각된다.

『금광명최승왕경』에는 "법고 소리가 나무에 의지하고, 가죽과 북채를 쥔 손에 의지하여 소리가 발생하지만 법고 소리는 과거에도 공이고 미래에도 공이며 지금도 공이다. 왜냐하면 이 법고 소리는 나무에서 발생하는 것도 아니고, 가죽과 손에서 발생하는 것도 아니며 삼세에서 발생하는 것도 아니다. 그러므로 발생한 것이 아니다. 만약 발생할 수 없다면 사라질 수도 없다"고 적고 있다. 북소리는 나무에서도 가죽에서도 북채에서도 나지 않는다. 북에는 소리가 없다.

놀랍게도 타악기의 단순하고 둔탁한 소리는 그 어떤 화려한 선율보다 더 깊은 내면으로 이끌고 간다. 절 마당을 울리는 법고 소리는 기교를 부리지 않아 소박하다 못해 어설프기까지 하지만, 오직 북채의 두드림에 따라 장단과 강약으로 조율해 내는 북소리는 생명의 고동처럼 세상의 모든 것들을 소리 속으로 빨아들인다.

소리에 몰입한 가운데 산도 사라지고, 누각도 사라지고, 듣고 있는 사람들도 사라지고, 심지어 법고마저 사라져 오직 하나의 소리만 남아 산하대지를 휘감는다. 법고의 단순하고 기운찬 울림은 세상의 온갖 잡된 소리를 다 침묵시키며 더 깊은 내면으로 침잠하게 한다.

소리가 소리를 무화시켜 오직 순수한 의식만 있을 때 지옥의 고통은 사라지고 열반의 즐거움이 나타날 것이다. 산사에 길게 여운을 남기며 울리는 북소리는 세상에서 가장 완전한 소리, 원음圓音이 되어 세상의 온갖 소리를 정화시키고 텅 빈 본래의 마음으로 돌아가게 한다.

여수 흥국사 법고 — 법고를 받치는 법고대는 거북, 해치, 사자 등 상서로운 동물이나 연꽃의 형태로 조각된다.

불교음악은 이처럼 미적 가치뿐 아니라 고통으로부터의 구제와 나아가 깨달음이라는 종교적 구원의 의미까지 담고 있다. 세상의 소리, 시대의 소리가 변화하듯 음악도 바뀌어 가고 있다. 과연 이 시대의 소리는 어떠할까? 이 시대의 소리는 점점 혼탁해지고 대중문화의 쾌락적 가상 속으로 고^苦의 현실을 은폐시키고 있다. 진정한 예술은 고통을 은폐하지 않고 삶의 진실을 잃지 않게 한다. 한갓 잠깐의 휴식일지라도 지난한 삶의 노정에 고마운 쉼터가 된다.

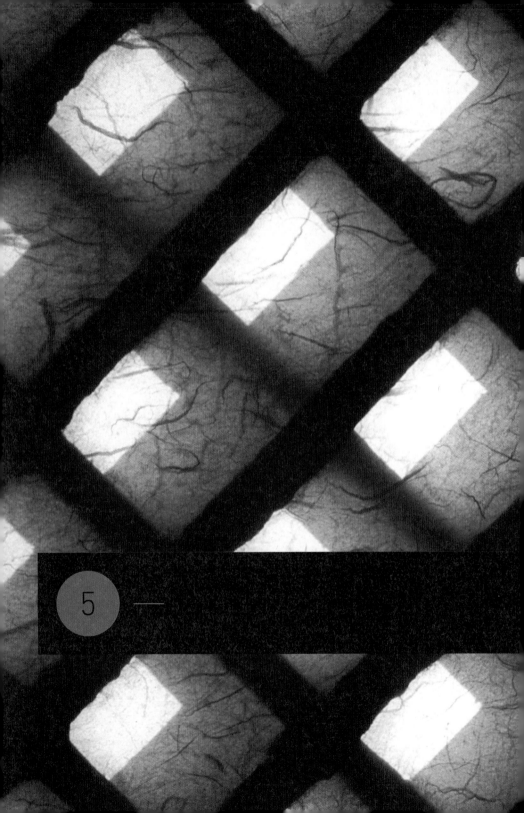

5 —

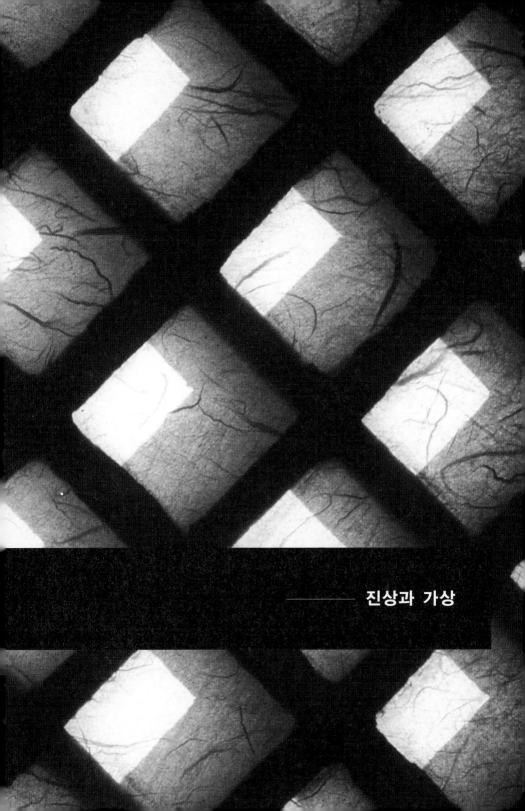

진상과 가상

천백억
석가모니불

왜 그렇게 많은 붓다가 존재할까

몇 년 전 기독교 계통의 대학 연구소에서 몇 차례 사찰 건축에 대한 특강을 한 적이 있다. 그 대학의 채플관은 독특하게 원형으로 디자인되어 있어 함께 공부했던 건축과 교수와 그 점에 대해 이야기를 나눈 적이 있다. 건물의 독특한 설계 때문에 처음에는 기독교 양식이 아니라 로마 양식이라고 많은 반대에 부딪혔다고 한다. 다행히 교회 건축양식으로 알려진 로마네스크 양식이나 고딕 양식이 모두 로마의 건축양식에서 유래한 것이라는 설명으로 그 반발을 누그러뜨렸다고 한다.

그 이야기를 들으면서, 한편으로 교회 건축양식이 로마 건축에서 발전한 것이라는 설명에 수긍하면서도, 다른 한편으로는 수직적인 상승을 강조하는 기존의 교회 건축에 익숙한 사람들에게 수평적인 원형 구조가 낯설고 이질적으로 느껴질 수도 있겠다는 생각을 했었다.

무엇보다도 원형의 공간구성 방식은 유일신을 정점으로 하여 모든 존재의 위계질서가 정해지는 기독교 신학과 잘 맞지 않는다. 원형은 내부의 모든 공간을 균질적으로 만들어 버려서 어떤 한 지점도 특권적인 장소가 되지 않기 때문이다.

지금까지 남아 있는 원형 건물로 고대 로마의 콜로세움과 판테온이 있다. 콜로세움은 세속적인 원형경기장이기 때문에 더 말할 필요도 없고, 판테온 역시 지금은 가톨릭 성당이지만 원래는 로마의 신들을 위한 만신전이었기 때문에 기독교인들이 원형을 이교도의 건축양식으로 여기게 된 데에는 그만한 역사적인 이유가 있는 셈이다.

1980년대 이후 불교계에서 대불大佛뿐 아니라 천불, 삼천불, 만불을 조성하는 대형 불사가 성행했다. 나는 대형 불사를 별로 좋아하지 않지만, '천불'과 '만불'은 그 개념만 두고 생각해 본다면 불교만의 독특한 현상이 아닌가 싶다.

오직 하나의 신을 말하는 기독교나 이슬람교에서는 천 명의 신, 만 명의 절대자는 원칙적으로 불가능하다. 그러나 불교에서는 붓다가 천 명, 만 명, 나아가 '천백억 석가모니불'이 있어도 아무 문제가 없다. 기독교에서는 '다수의 절대자'라는 표현을 신성모독으로 생각할지 모르지만 불교에

▼ 직지사 천불 ― 천불은 누구든지 깨달으면 붓다가 될 수 있다는 대승불교의 근본사상을 상징한다. 천불 중에는 특별히 나와 인연이 깊은 붓다가 꼭 하나는 있다고 한다. 예배를 드리고 눈을 들어 천불상을 바라볼 때 제일 먼저 마주치는 붓다이다.

서 붓다의 복수성은 신성모독이 아니라 탁월함의 또 다른 표현으로 간주 한다.

붓다는 천불, 만불이 있어도 서로 차별이 없다. 그와 달리 로마나 그리 스의 신들은 이름과 역할, 능력과 위상이 서로 다르다. 그들은 천상 세계 에 거주하며 인간보다 힘이 세고 더 오래 살지만 그들 사이에는 위계질서 가 있다. 그리스의 최고신인 제우스는 막강한 힘을 가지고 있지만 소소한 신들은 겨우 한두 가지의 힘을 지니고 있을 뿐이다. 하지만 제우스조차도 아래 등급의 신들을 마음대로 하지 못한다. 심지어 아내인 헤라 여신에게 도 늘 잔소리를 들어야 하는 신세이다. 그들이 관장하는 영역도 제한이 있 어서 하늘의 신인 제우스는 바다의 신 포세이돈의 영역에 영향을 미치지 못하고, 포세이돈은 땅의 신 데메테르를 어쩌지 못한다. 술과 음악의 신인 디오니소스는 하루도 멀쩡한 날이 없다.

이와 달리 붓다는 신도 아니며 인간도 아니다. 오히려 그는 인간과 신의 단계를 초월한 존재이다. 사실 '존재'라는 말도 맞지 않다. 깨달음을 이루면 누구나 여래^{如來}, 응공^{應供}, 정변지^{正遍知}이며 세상에서 가장 존귀한 자가 된다. 과거와 현재의 무수한 존재들이 그렇게 붓다가 되었고 미래에 존재하게 될 중생들도 그렇게 붓다가 될 것이다. 또한 동방과 서방, 남방과 북방, 그 어느 곳에 거주하느냐와 관계없이 모두 붓다가 된다.

그러므로 우주는 붓다로 가득 차 있다. 과거, 현재, 미래의 붓다가 존재하며 동서남북 위아래의 모든 방위에 붓다가 존재한다. 서로 다른 이름을 가진 수많은 붓다가 있으며, 동일한 이름을 가진 붓다도 무수히 많다. 그러나 그들은 서로 관계가 없는 고립된 존재가 아니다. 그들은 서로가 서로를 증명한다. 의상 스님의 〈법성게〉에서 하나가 여럿이 되고 여럿이 하나가 되는 붓다의 경계를 노래했던 것처럼 천 명이든, 만 명이든, 붓다는 근본적으로 하나의 존재이기 때문이다.

그런 까닭에 『법화경』을 말한 석가모니불도, 『화엄경』의 비로자나불도 홀로 등장하는 법이 없다. 그들은 수많은 불보살들이 둘러싸고 있는 가운데 출현한다. 그런데 이들 불보살들은 단순히 본존불을 보좌하는 보조 인물에 그치지 않는다. 그들은 본존불과 협시불이 서로 조응하고 증명하는 가운데 거울이 거울을 비추듯 무한히 서로 비추는 중중무진^{重重無盡}의 법계를 완성하는 막중한 임무를 띠고 있다. 이렇듯 불교미술의 주인공인 붓다는 제한이 없다.

불상 조각의 경우도 마찬가지이다. 사찰 규모가 제법 큰 사찰 가운데 대웅전에 주존불만 놓은 사례는 거의 없다. 제약 없이 한 명이든 일곱 명이

직지사 천불 — 우주는 붓다로 가득 차 있다. 과거, 현재, 미래의 붓다가 존재하며 이름이 다른 수많은 붓다가 있다. 그들은 서로 관계가 없는 고립된 존재가 아니라 서로가 서로를 증명한다.

든 원하는 대로 붓다를 그려 넣을 수 있는 불화와 달리, 조각은 그 조성의 어려움이나 공간적인 문제 때문에 천불이나 만불을 조성한 경우는 적었다. 둔황의 천불동이나 화순 운주사는 드물게 천불이 조성된 곳인데 애초부터 그렇게 계획했던 것은 아니고 하나하나 조성해 가다 보니 천불이 되었던 것이다.

가장 많이 조성되는 형식은 중앙의 주존불과 좌우의 협시불, 또는 협시

보살로 이루어지는 삼존불이다. 대표적인 것으로 아미타불과 관세음보살과 대세지보살 또는 대세지보살 대신 지장보살이 들어가는 조합이 있으며, 석가모니불을 주존으로 하여 좌우에 문수보살과 보현보살을 협시보살로 두는 형식이 있다. 석가모니불을 주존으로 하는 경우, 충남 서산마애삼존불과 같이 인도에서 유행했던 미륵보살과 관세음보살을 협시보살로 두는 경우도 가끔 보인다.

붓다 속의 붓다

왜 본존불 외에 좌우의 협시보살을 두었을까? 본존불만으로 부족했을까? 너무 흔해서 간과하기 쉽지만 다른 종교에서 찾아보기 힘든 불교만의 독자적인 성상 배치 형식이다. 그 바탕에는 대승불교의 독창적이며 심원한 철학이 있다.

아미타삼존상의 경우, 관세음보살과 대세지보살 때로는 지장보살이 쌍을 이루어 조성되는데, 그들은 아미타불이 원력으로 건설한 극락세계로 중생을 인도하는 역할을 한다. 그들은 아미타불의 본원을 실현하기 위한 존재들이지만 그 자체로 아미타불의 자비와 구원의 힘을 표상한다. 그러므로 관세음보살과 대세지보살은 아미타불이 현상적으로 드러나는 모습이다.

마찬가지로 석가모니불의 협시보살인 문수보살과 보현보살은 붓다의 지혜와 실천을 상징한다. 미래의 중생을 구제하기 위해 기다리고 있는 미륵보살을 비롯한 이 모든 보살들은 붓다의 중생 구제의 원력을 더욱 구체적으로 나타내는 존재들이다. 그러므로 협시보살들은 본존불의 보조자가 아니라 본존불 그 자체이며 본존불을 비추는 거울이다.

아미타불과 석가모니불이 이들의 협조를 받을 수밖에 없는 까닭은 능력이 부족하거나 힘이 모자라서가 아니다. 그들은 체體이며 영원한 현재이며 '예부터 변치 않는 본질'이기 때문에 근본의 장소인 정중앙에서 부동의 모습을 보여 준다. 하지만 본존불이 방사하는 빛에 의해서 비로소 협시보살들은 본존불을 비추고 모든 존재들을 비춘다. 그러므로 삼존불은 전체와 부분, 중심과 주변, 그리고 체와 용用이 서로 의지하면서 삼투하는 법계의 조형적인 표현이다.

그 밖에도 세 구의 불상을 나란히 배치하는 삼세불과 삼신불이 있다. 삼세불이란 현세의 붓다인 석가모니불을 중심으로, 석가모니불에게 장차 붓다가 될 것이라는 수기受記를 준 연등불燃燈佛과 석가모니불 열반 이후에 출현하여 중생을 구제한다는 미륵불을 좌우에 두는 형식을 말한다. 경우에 따라서 갈라보살과 미륵보살을 두기도 한다. 삼세불은 석가모니불 이전에도 붓다가 있었고 그 후에도 붓다가 세상에 나타날 것이라는 의미로 이해된다.

여전히 많은 의문이 남는다. 과거불은 과거에 존재했다가 사라져 버린 붓다일까? 또는 열반 후 붓다는 붓다가 아닌 다른 어떤 것이 되는 것일까? 정말 그렇다면 과거불인 다보불이 현재 붓다인 석가모니불의 법회를 증명하기 위해 출현하는 『법화경』의 상황은 도대체 가능한가?

근본적으로 붓다에게는 시간이라는 차원이 없다. 붓다가 반열반般涅槃에 든 것은 붓다의 입장에서 본다면 사라짐이 아니라 오히려 완성을 의미한다. 다시 말해 붓다는 시간적인 존재가 아니다. 따라서 삼세의 붓다도 다 허망한 이야기이다. 『금강경』에서 말하듯 현재의 마음도 없고 과거의 마음도 없으며 미래의 마음도 없기 때문에 삼세불은 존재하지 않는다. 그러므로 삼세불이 이야기하려는 뜻은 다른 데 있다.

연등불은 전생의 석가모니불에게 수기를 준 분이다. 그는 석가모니불이 보살로 있을 때 얼마나 많은 공덕을 쌓았는지, 얼마나 치열하게 수행했는지 그 현장을 지켜보았다. 용수龍樹가 말했듯이 붓다의 몸은 무한한 과거생을 통하여 실천한 자비로운 행위의 결과이다. 연등불은 과거에 이미 수기를 주었음에도 불구하고 붓다의 현재의 몸이 그 공덕과 자비의 결과라는 사실을 증명하기 위해 석가모니불 옆에 있는 것이다.

미륵불은 그 공덕과 자비의 무한함을 보여 준다. 미래가 오더라도, 붓다가 열반한 후에도 붓다는 변치 않고 중생을 구제하는 자비의 몸이라는 사실을 석가모니불의 또 다른 분신인 미륵불이 증명하는 것이다. 그러므로 과거, 현재, 미래가 일시이고, 일시가 과거, 현재, 미래이다.

대승의 길은 자비의 길이다. 자신을 위한 것이 아니라 타인을 위한 길이다. 과거의 연등불이 석가모니불의 공덕과 자비를 증명하였듯이 지금 모든 붓다가 오늘 우리가 행하고 있는 공덕과 자비를 지켜보고 있다.

법신사상과
불상

"오라, 비구여!"

모든 종교에는 입문 절차가 있다. 불교에도 불자가 되려면 반드시 거쳐야
하는 절차가 있다. 바로 삼귀의^{三歸依}로, 붓다와 붓다가 가르친 법과 그 가르
침을 따르는 사람들인 삼보^{三寶}에 귀의하는 것이 불자가 되기 위한 기본 요
건이다. 사실상 불교에는 형식적인 입문 절차가 없다. 출가자를 위한 입문
의식과 절차가 『율장』에 상세하게 기록되어 있지만 붓다가 살아 있을 때에
는 "오라, 비구여!"라는 한마디면 그의 제자가 되었다. 출가자와 달리 재

▶ **해인사 비로전 비로자나불** — 붓다는 출생이나 은총이 아니라 스스로 수행하여 깨달은 법에 의해 붓다가 되었다. 붓다를 붓
다로 만든 본질은 바로 그가 깨달은 법이다.

가자의 경우에는 그저 마음으로 삼보에 귀의하면 불자가 된다. 특별한 의식이나 절차보다 마음을 소중하게 여기는 불교적 관점에서 보면 당연한 이야기이다.

그런데 붓다가 열반한 후, 삼귀의 중 붓다에 대한 귀의가 문제가 되었다. 구체적으로 존재하는 법과 승가와 비교해 볼 때 이미 열반에 든 붓다에게 귀의한다는 것은 모호하기 이를 데 없기 때문이다. 사람들은 무언가 강력하고 확고한 것이 아니면 잘 믿지 못하기 때문에 분명하게 파악할 수 있는 대상을 종교적 숭배의 대상으로 삼으려 한다.

따라서 모든 종교는 교주를 불멸의 존재로 만드는 경향이 있다. 기독교에서는 예수의 부활이 그런 역할을 했다. 부활은 십자가에서 이미 죽음을 맞이한 예수를 불멸의 존재로 만든다. 예수가 하늘나라에서 영원히 존재하고 있다고 믿을 때에 예수에 대한 귀의가 분명하고 의미 있는 것이 되기 때문이다.

하지만 형성된 모든 것은 변하고 사라진다고 말하는 불교에서는 그와 같은 신격화가 용납되지 않는다. 그렇다면 붓다에게 귀의한다는 것은 어떤 의미인가? 살아 있는 붓다조차 그 육신은 제한되고 허망한 것이니 붓다만 가지고 있는 특징인 32상과 80종호조차 그 본질이 아니다. 설사 붓다가 신통력으로 원하는 곳에 몸을 나타내더라도 그것은 가상에 불과하므로 우리가 진정으로 귀의해야 할 귀의처가 아니다.

붓다의 육신과 신통력으로 나타난 형상조차 허망하다면 우리는 무엇에 귀의해야 하는가? 진실한 것에 귀의할 때만 우리들의 귀의도 진실한 것이 될 터인데, 과연 진실한 것은 무엇일까?

붓다가 입멸하고 백 년 정도 흐른 후 그의 가르침을 서로 다르게 해석하는 여러 부파들 사이에서 이 문제가 진지하게 토론되었다. 붓다의 색신色身은 허망하지만 붓다를 붓다로 만드는 것, 즉 붓다의 본질은 허망한 것이 아니다. 붓다는 출생이나 은총이 아니라 스스로 수행하여 깨달은 법에 의해 붓다가 되었으므로 붓다를 붓다로 만든 본질은 바로 붓다가 깨달은 법이다. 이 법은 붓다 입멸 이후에도 영원히 남아 있을 것이다. 이처럼 생겨나거나 사라지지 않는 법이야말로 가장 진실한 것이다. 그러므로 붓다에 대한 귀의는 붓다가 깨달은 법에 대한 귀의에 다름 아니다.

붓다의 덕성을 표상하는 불상

이로부터 '법신法身'이라는 새로운 관념이 만들어졌다. 법신, 즉 '진리의 몸'은 붓다 그 자체, 가장 진실한 붓다를 의미한다. 그것은 붓다의 가르침을 뜻하는 동시에 붓다를 붓다로 만드는 본질인 법을 의미한다. 모든 존재는 붓다가 될 가능성, 다시 말해 법성을 가지고 있다. 우리에게 있는 법성이 실현될 때 우리는 붓다와 같이 '진리의 몸'을 이루게 된다. 『반야경』에서 말하는 반야바라밀다, 곧 '지혜의 완성'은 법성으로서의 공성과 그에 대한 인식을 의미한다. 그러므로 법신은 가장 진실하고 궁극적인 진리의 몸인 동시에 궁극적인 진리를 인식하는 지혜를 의미한다.

그러므로 법신사상은 대승불교 비판자들이 주장하듯이 역사적 존재인 붓다에 대한 신격화나 신비화가 아니다. 그것은 초기불교의 가르침으로부터의 이탈이 아니라 붓다가 처음부터 강조했던 정신의 계승이다.

"법을 보는 자는 나를 보고 나를 보는 자는 법을 보리라"는 『상응부경』의 이야기나 "여래가 법을 공양하기 때문에 법을 공양하는 자가 있다면 나를 공경하는 것이며 법을 관찰한다면 곧 나를 보는 것이며 법이 있으면 곧 내가 있느니라"는 『증일아함경』의 말은 법과 불이 하나라는 이야기이다. 또한 법신사상은 붓다가 열반했을 때 제자들에게 당부했던, 자기 자신을 의지처로 삼고 법을 의지처로 삼으라는 말과 일치한다.

법신사상의 새로운 점이라면 법을 제법諸法, 우리가 경험하는 현상세계의 구성요소로 이해하기보다 지혜와 자비라는 붓다의 구체적인 덕성으로 이해했다는 점이다. 붓다가 입멸한 후, 사람들은 붓다가 실제로 일생 동안 세속의 오염에서 완전히 벗어나 있었으며 세속적인 존재가 아니라 출세간적인 존재라고 생각했다. 동시에 청정한 지혜와 자비의 몸을 가진 붓다는 열반에 든 뒤에도 어딘가 청정한 곳에 계속 존재하면서 우리를 구원해 줄 것이라는 생각도 자연스럽게 싹트게 되었다.

자비의 화신인 붓다가 우리를 버리고 떠날 리 없다는 생각은 붓다의 열반이 단지 현상에 불과하다는 생각을 이끌어 냈으며, 그 결과 불멸하는 존재, 영원한 현재를 표상하는 법신이 이 세상에 나타났다가 사라져 버린 역사적 존재인 석가모니불보다 더 높고 중요한 위치를 차지하게 되었다. 그러므로 법신은 역사적 존재인 고타마 싯다르타의 신격화가 아니라 불법의 가장 순수한 형태이다.

사실 법신사상은 부파불교의 스콜라적 사변으로부터 다시 삶의 현장으로, 사회로 되돌아오는 과정과 연결되어 있다. 우연의 일치인지 모르겠지만 불상의 조성은 법신사상의 출현과 비슷한 시기에 이루어졌다. 기원후

1세기 무렵 인도 간다라 지방과 미투라 지방에서 동시다발적으로 불상이 제작되었는데, 불상이 인도 문화의 자생적인 발전 결과이든 헬레니즘 문명과의 교섭 결과이든 붓다의 입멸 후 5백여 년 동안 불상이 없던 무불상 시대가 지난 다음에 출현한 불상은 불교 사상과 실천의 변화 없이는 설명하기 어렵다. 어느 지역에서 먼저 불상이 제작되었는가에 대해서는 학자들마다 견해가 다르지만, 불상의 제작이 대승불교의 출현과 일정한 관계가 있다는 점에 대해서는 많은 학자들이 동의하고 있다.

지금까지 불교미술사는 불상의 조성을 신비적이고 형이상학적인 대승불교로의 변화가 가져온 결과로 설명했다. 따라서 불상 역시 단순한 숭배의 대상이라고 이해했다. 그렇게 본다면 불상은 다른 종교인들이 비판하는 우상숭배와 다름이 없을 것이며 대승불교 비판자의 견해처럼 대승불교는 인간적이고 합리적인 초기불교로부터의 이탈로 간주해도 될 것이다. 하지만 대승불교의 공空사상을 염두에 둔다면 그것은 너무 안일한 결론이다.

무불상시대에 붓다의 색신 대신 불교 조형물 속에 묘사된 보리수, 붓다의 발자국, 빈 대좌, 법륜 따위는 붓다의 색신을 표현하는 것에 대한 조심스러움을 보여 준다. 하지만 거기서도 붓다를 잊지 않으려는 제자들의 사무치는 그리움을 읽을 수 있다.

강한 부정은 강한 긍정이라고 했던가? 붓다를 색신으로 표현하는 것에 대한 거부는 사실은 붓다의 색신에 대한 강한 관심과 결합되어 있다. 다시 말해 구체적인 인간의 형태로 표시되지 않은 이와 같은 상징들은 역사적 실존 인물로서 붓다의 존재를 전제한다. 가지야마 유이치梶山雄一 같은 일본

불교학자도 붓다 사후 수세기 동안 붓다의 육신에 대한 존경이 사리를 보관한 불탑에 대한 숭배로 표현되었다고 주장한다.

형상화에 대해 조심스럽던 태도와 비교해 본다면 불상의 출현은 놀라운 일이다. 도대체 어떻게 이런 변화가 일어났을까? 새롭게 등장한 법신사상이 불상을 조성하는 데 어떤 도움을 준 것일까? 법신에 호소하는 것은 육신이 아닌 정신에 호소하는 것이므로 역사적으로 실존한 붓다의 존재를 고집할 필요가 없다. 그렇다면 형상화에 대한 제한도 과감하게 떨쳐 버릴 수 있지 않았을까? 역설적이게도 법신에 대한 사유가 붓다의 형상을 물질적으로 표현하는 것에 대한 금기를 깨뜨린다.

그렇다면 무지몽매한 일반 불자들이 붓다를 신격화된 존재로 숭배하기 위해 불상을 만든 것이 아니라 붓다에 대한 귀의를 분명하게 하기 위해 제작된 것이 아닐까? 인도에 남아 있는 금석문을 분석한 실증주의적 연구를 통하여 불상 숭배가 사찰과 관련이 있으며 출가 의식의 하나였다는 흥미로운 결론을 제공하고 있는 그레고리 쇼펜^{Gregory Schopen}의 연구 성과도 그러한 가설을 뒷받침한다.

불상은 붓다의 덕성을 가상의 몸을 통해 구체적으로 표상한다. 덕분에 우리는 진리의 몸, 법신을 감성적으로 이해하고 체화할 수 있게 되었다. 모든 형상은 그림자, 가상에 불과하다. 하지만 변화하는 모든 것은 영원히 변하지 않는 법신을 가지고 있으므로 우리는 날마다 돌부처님, 흙부처님, 나무부처님에게 귀의한다.

존재도 비존재도 아니며 단멸된 것도 아니고 영원한 것도 아닌 붓다, 변하는 것도 아니고 변하지 않는 것도 아니기에 이분법의 양변을 떠나 있으며 색깔과 모양, 크기로 표현할 수 없는 붓다, 그래서 찬탄의 대상이 아니지만 불자들은 "가는 자도 아니고 오는 자도 아니며 간다는 행위도 없는 선서善逝(붓다 십호 중 하나)"에 귀의한다.

지극한 그리움으로 불상에 깃든 진상과 가상의 이중주에 귀 기울인다면 그 속에서 모든 차별이 사라진 법신의 세계, 청정한 허공의 몸을 보게 되리라.

붓다의 몸짓,
수인

꽃을 든 손

2천5백여 년 전 인도 영축산, 산 정상에 오른 붓다는 말없이 자리를 잡고 앉았다. 이어서 제자들이 제각기 그의 주변에 자리를 잡고 앉았다. 뒤따라 온 하늘의 신들과 선남선녀들이 하나둘씩 제자들 뒤에 자리를 잡고 앉기 시작했다. 곧 좌중이 정돈되자, 대중들은 붓다의 설법이 시작되기를 기다렸다.

하지만 그날따라 붓다는 가만히 좌중을 둘러보고는 묵묵히 있을 뿐이었다. 이윽고 대범천왕이 자리에서 일어나 연꽃을 바치며 붓다에게 법문을 청했다.

붓다는 아무 말 없이 대범천왕이 바친 연꽃을 들어 대중에게 보여 주었다. 그의 영민하고 뛰어난 제자들도, 전 우주를 꿰뚫어 보는 능력을 가진 하늘의 왕들도, 신앙심 깊은 선남선녀들도 붓다가 꽃을 들어 보인 뜻을 알 수 없었다. 그들은 멀뚱멀뚱 서로 돌아보며 어리둥절할 뿐이었다. 이때 멀찍이 대중 속에 자리 잡고 앉아 있던 마하가섭이 조용히 미소를 지었다.

그러자 붓다가 말했다.

"나에게 정법안장正法眼藏과 열반묘심涅槃妙心이 있으니 이제 가섭에게 맡기노라."

이 날, 두 사람이 나눈 미소는 영원히 꺼지지 않는 등불이 되었고 연꽃을 들어 보인 붓다의 몸짓은 불멸의 몸짓이 되었다.

불교에는 수많은 종류의 불상이 있다. 탄생에서 열반까지 붓다 일생의 중요한 순간을 형상화한 것은 물론이고, 석가모니불을 비롯하여 아미타불, 약사불, 비로자나불 등등 셀 수 없이 많은 불상이 있다.

불상이 있는 법당마다 제각각 다른 현판이 붙어 있지만 때로 구분하기 어려운 경우도 있다. 절을 찾는 사람들은 법당을 기웃거리며 묻는다.

"저 불상은 어떤 부처님이에요?"

모두 비슷비슷하게 생겼으니 사람들이 궁금해 하는 것도 당연하다. 많고 많은 불상들을 구별하는 방법이 없을까? 우선, 불상의 자세로 구별할 수 있다. 비스듬히 누워 한쪽 손으로 머리를 괴고 있는 불상이 있다면 그것은 열반상이다. 한 손으로 하늘을, 다른 한 손으로 땅을 가리키면서 서 있는 불상이 있다면 그건 두말할 것 없이 탄생불이다. 크기도 작고 주로 부처님

오신 날 관불^{灌佛}의식에 사용되는데, 석가모니불이 태어나자마자 사방으로 일곱 걸음을 걷고 '천상천하유아독존^{天上天下唯我獨尊}'이라고 사자후를 한 데서 유래한다.

몇몇 특별한 불상을 제외하고 나머지 대부분의 불상들은 연화좌 위에 가부좌를 하고 앉아 있는 모습이다. 하나같이 눈을 살짝 감고 정좌하고 있으니 저 부동의 몸과 적멸의 얼굴에서 서로 다른 점을 찾아내기는 거의 불가능하다. 이럴 때 우리는 불상이 취하고 있는 제각각 다른 손짓을 근거로 어떤 불상인지 알아낼 수 있다. 수인^{手印}은 불상들 각각의 고유한 특징을 표시하는 기호 체계로 간주될 만큼 종류가 많다. 그 복잡한 기호 체계도 놀랍지만 열 손가락으로 어떻게 그처럼 많은 모양을 만들 수 있는지 놀랍기만 하다.

먼저, 왼손 집게손가락을 펴서 오른손으로 감싸 쥐고 오른손의 엄지손가락과 왼손의 집게손가락을 서로 대고 있다면 비로자나불이다. 결가부좌한 자세에서 오른손을 오른쪽 무릎에 얹어 손가락으로 땅을 가리키고 있다면 그것은 석가모니불을 표시하는 수인이다. 깨달음을 얻은 석가모니불이 자신이 마라의 훼방을 물리쳤음을 증명하기 위해 땅의 신을 가리키는 손짓이다. 그리고 어떤 불상이 구품화생을 표시하는 미타정인을 하고 있으면 그것은 분명 아미타불이다.

이렇게 주민등록증을 대조하듯 수인과 불상을 일대일로 대응시켜서 설명하면 대부분의 사람들은 비로소 불상에 대해 알게 되었다고 만족스러워

◀ **감산사 석조미륵보살입상의 수인** — 수인은 우주를 아우르고 모든 생명을 거두는 붓다의 자비를 나타낸다. 열 개의 손가락이 맺는 손짓이 때로 두려움을 없애주고 때로 소원을 들어주고 때로 성난 코끼리를 멈추게 한다. 문화재청 사진 제공.

다양한 수인 ─ 시계방향으로 감산사 석조아미타여래입상(중품상생인), 부석사 소조여래좌상(항마촉지인, 아미타불이지만 수인이 서로 안 맞는 대표적인 경우. 항마촉지인은 석가모니불상의 대표적인 수인이다.), 해인사 국일암 비로자나불(지권인), 탄생불(호림미술관 소장), 미황사 도솔암(하품중생인), 서산마애삼존불(시무외인과 여원인). 문화재청(감산사 석조아미타여래입상, 부석사 소조여래좌상, 탄생불) 사진 제공.

하며 떠난다. 하지만 간혹 낭패를 볼 때도 있다. 아미타불이나 비로자나불이 선정인^{禪定印}을 한 경우도 있기 때문이다. 그러니까 수인은 주민등록증처럼 서로 다른 불상을 식별하는 기호가 아니다.

그렇다면 붓다의 손짓, 수인이 나타내는 것은 무엇일까?

사나운 코끼리를 멈추게 한 것

그 옛날 데바닷타의 모략으로 술 취한 코끼리가 붓다를 해치려고 돌진한 적이 있었다. 그때 붓다는 가만히 서서 오른손을 번쩍 들어 손바닥을 활짝 폈다. 순간 그 기세에 눌려 코끼리가 멈추어 섰다. 그저 손바닥을 펴서 들었을 뿐인데 사나운 코끼리가 멈춘 것이다. 그 후 이 손짓은 모든 중생의 두려움을 없애 주는 신비한 힘을 가진 '시무외인施無畏印'이라는 불멸의 몸짓이 되었다. 그런데 이 동작은 누구나 따라할 수 있는 단순한 몸짓이지만 누구나 코끼리를 멈추게 할 수는 없다. 이 손짓은 붓다이기에 가능한 것, 다시 말해 이 몸짓을 만든 것은 두려움이 없는 마음이다.

붓다의 몸짓은 붓다의 본질로부터 만들어진 것이기 때문에 무외인, 촉지인, 선정인과 같은 손의 모양뿐 아니라 관세음보살이 들고 있는 연꽃이나 문수사리의 칼, 염마왕의 인두창 같은 지물까지도 불보살의 마음을 표시한다. 중국 불교의 체용體用 논리를 몸과 몸짓에 적용하면, 불상의 몸은 적정삼매의 깨달음을, 불상마다 다른 몸짓(손짓)은 붓다의 자비와 방편의 작용으로 볼 수 있다. 수인은 우주를 아우르고 모든 생명을 거두는 붓다의 자비를 나타내는데, 열 개의 손가락이 맺는 손짓이 때로는 두려움을 없애 주고 때로는 소원을 들어주기도 하고 때로 성난 코끼리를 멈추게 한다. 탄트라불교 전통에서는 왼손은 지止를, 오른손은 관觀을 상징하거나 정定과 혜慧, 권權과 실實, 자慈와 비悲를 상징한다고 해석한다.

그렇다면 어떻게 손짓이 그와 같은 깊은 정신적 경지를 표시할 수 있을까? 수행이나 제의의 과정에서 몸짓은 본능적인 반응이 아니다. 그것은 고도로 선택된 행위이다. 몸짓은 단순히 여러 가지 의미를 표시하는 것이 아니라 뭔가 구체적이고 실제적인 것과 관계된다. 돌진해 오는 코끼리 앞에서 조용히 손을 들어 보인 것만으로 코끼리가 멈추는 것은 거기에 어떤 실제적인 힘이 작용하기 때문이다. 몸짓은 어떤 상황에서 요청되는 힘을 행사하거나 또는 제어하는 일이다. 그러므로 몸짓에는 그 사람만이 갖고 있는 독특한 힘과 인격이 있다.

붓다의 첫 번째 제자 중 한 사람인 아설시와 사리불의 만남은 불교사에 길이 남을 중요한 장면이다. 이 만남의 발단은 매우 독특하다.

왕사성 근처에서 산자야를 스승으로 모시고 목건련과 함께 수행하던 사리불은 어느 날 길거리에서 탁발을 하던 아설시를 마주친다. 눈을 돌려 여기저기 기웃거리거나 몸을 가볍게 움직이지 않고 눈을 내리깔고 묵묵히 걷는 아설시의 모습은 멀리서도 눈에 띌 정도로 예사롭지 않았다. 사리불은 내면으로 침잠하여 오롯하게 걷는 아설시의 거동을 보고 생각했다. '대체 어떤 분의 제자이기에 저 젊은 수행자의 몸짓이 저토록 깊고 그윽할까?' 궁금증을 참지 못하고 사리불은 아설시에게 다가가 물었다.

"당신의 스승은 누구십니까?"

아설시는 천천히 고개를 들어 사리불을 향해 몸을 돌려 나직이 대답했다.

"저의 스승은 석가족의 태자로, 왕궁을 떠나 수행하여 깨달음을 이룬 분입니다."

사리불이 다시 물었다.

"그 분은 어떤 법을 가르칩니까?"

"저는 아직 깊은 법을 알지 못하지만, 스승에서는 항상 모든 법은 인연에 의해 발생하고 인연에 의해 소멸한다고 말씀하십니다. 저의 스승이신 붓다는 이 인연을 가르치고 이 인연이 멸하는 것을 가르치십니다."

아설시의 대답은 사리불에게는 경천 지동하는 소식이었다. 지금까지 한 번도 들어 보지 못한 놀라운 가르침이었다. 감격한 그는 곧장 목건련에게 달려가서 그 일을 이야기한다. 그리고 목건련과 함께 산자야를 따르던 오백 명의 수행자를 이끌고 붓다에게 가서 귀의하게 된다. 사리불과 목건련의 스승이었던 산자야는 이 일에 충격을 받아 자살하고 만다.

이 일로 불교 승단은 일시에 팽창하는데, 이 극적인 사건의 발단이 바로 아설시의 몸짓이다. 사리불의 사려 깊은 안목은 아설시의 몸짓에서 탁월한 가르침을 받은 사람만이 가질 수 있는 맑고 명징한 마음의 상태를 바로 알아보았던 것이다.

몸은 마음을 드러내는 창이다. 인간의 몸 가운데 얼굴을 제외하고 가장 정신적인 부분은 손으로 단순한 손짓에도 마음이 깃들기 마련이다. 고대 인도 연극의 신체 표현 기법을 규정한 교범서 『표현의 거울』에서 지적했듯 이 손이 가는 곳에 시선이 따라가고, 시선이 가는 곳에 정신이 향하게 되며, 정신이 머무는 곳에 마음이 드러난다.

두 손바닥을 마주 대하여 합장하고 손끝에 시선을 모아 보라. 이미 마음이 하나가 되어 있다. 합장한 손은 저절로 신체의 중심축에 놓이고 그곳에 충만해지는 기를 느낄 수 있다. 이렇게 합장 하나만으로 몸과 마음을 고요하게 만들 수 있다.

독일 현대무용가 피나 바우쉬Pina Bausch가 안무한 〈카페 뮐러〉는 검은색의 탁자와 의자만 있는 카페의 밀폐된 공간에 여섯 명의 무용수가 등장하여 같은 동작을 반복한다. 이 작품은 피나 바우쉬가 직접 등장하는데, 그는 무대 뒤쪽에서 발목까지 내려오는 하얀 잠옷을 입고 눈을 감은 채 조용

히 그림자처럼 움직인다. 그의 마른 몸과 앞으로 내민 팔은 무언가를 회상
하는 듯 몽환적인 느낌을 주며, 출구를 찾지만 반복적으로 벽에 부딪치고
마는 그의 움직임은 헛된 시도를 반복하는 현대인의 처절한 자화상과 같
다. 몸을 기계처럼 통제하고 억압하는 발레와 달리 종종 걸음을 치거나 벽
에 부딪치거나 또는 허공을 젓는 듯 휘감는 팔의 움직임은 놀랍도록 섬세
하고 미묘해서 작은 몸짓 하나도 큰 울림을 낳는다.

　빔 벤더스에 의해 그의 사후에 만들어진 영화 〈피나〉는 피나 바우쉬가
〈카페 뮐러〉에서 춤을 춘 장면과 함께, 눈을 감고 같은 동작을 했지만 예전
과 같은 감정이 느껴지지 않아서 다시 눈을 감은 채 시선을 아래로 향했더
니 예전과 같은 감정을 느끼게 되었다는 육성 녹음을 들려준다. 감은 눈의
시선이 어디를 향하느냐는 겉으로 드러나지 않는 사소한 차이이다. 하지
만 전혀 다른 감정을 불러일으키는 까닭은 작은 몸짓 하나에도 마음이 깃
들기 때문이다.

　몸은 마음의 변화를 가장 민감하게 반영한다. 최근 들어 이성 중심의 서

양철학의 한계를 자각한 일련의 철학자들에 의해 몸의 철학, 다시 말해 우리 몸의 철학적 가치를 복원하는 작업이 시작되었는데, 동양에서 몸의 가치는 오래전부터 의심의 여지가 없는 것이었다. 인도와 중국에서 몸과 마음은 대립적인 것이 아니라 상호 연관된 유기적인 것으로 간주되었다. 중국 예술이 정신성을 표현하기 위해 얼굴의 묘사에 집중했던 것과 달리, 인도 예술에서는 손의 사용이 두드러지는 점이 흥미롭다.

인도 종교에서 인간의 몸은 신을 현현하는 그릇이며 몸짓은 종교적 경험을 강화하는 제의적인 수단이었다. 인도인들은 몸을 정신적 수행의 방해물이 아니라 엄청난 통찰력과 깨달음을 성취하는 방편으로 생각하여, 다양한 자세와 수인의 힘을 활용하는 요가나 탄트라 같은 수행법을 개발했다. 특정한 몸의 자세는 정신적 의미와 신체적 효과를 가진다. 이처럼 의도된 효과를 가져다주는 몸짓을 '수인' 또는 '무드라Mudra'라고 부른다. 도장처럼 인증할 수 있다는 의미이다.

나아가 시바교와 탄트라불교에서는 강력한 주술적 힘을 발휘하며 깊은 선정의 상태를 표시한다. 수인을 맺으면 불보살의 힘을 느끼고 수용할 뿐 아니라 그것과 일체를 이루기 때문에 결인結印이라고도 한다. 탄트라불교에서 수인은 삼밀三密 수행, 다시 말해 몸으로는 수인을 짓고 입으로는 진언을 외우며 마음으로 삼매에 드는 세 가지 비밀한 수행법의 하나로, '삼밀상응 즉신성불三密相應 卽身成佛', 즉 몸과 말과 생각이 상응하면 바로 성불한다고 한다.

뿐만 아니라 고대 인도에서 몸짓은 일종의 언어였다. 인도 전통춤의 108가지의 손짓은 인간이 느끼는 모든 희로애락을 표현하고 신성한 의미를 전달한다. 따라서 인도에서 춤의 근원은 '도구 중의 도구'인 손짓에 있다. 그것은 수화처럼 정확하고 세밀한 기호 체계이며 브라만 계층과 상류층이 사용하는 의사소통의 수단이었다. 하지만 단순한 상징체계에 그치는 것이 아니라 영혼의 모든 면모를 무한하게 표현하며 신성한 근원을 드러내는 신적인 것의 현현이다.

원본은 사라지고 이미지만 남은 시대

그런데 몸은 사라지고 몸짓만 기억된다면? 밀란 쿤데라의 소설 『불멸』은 지극히 세속적인 의미에서의 불멸을 이야기한다. "그 몸짓 덕택에, 시간에 구애되지 않는 그녀 매력의 정수가, 그 촌각의 공간에 모습을 드러내 나의 마음을 사로잡아 버렸다." 그는 여주인공 아녜스가 고개를 돌리며 손을 들어 올리는 몸짓처럼 어떤 사람의 독특한 몸짓이 누군가의 기억에 새겨져 다른 사람들에게 전해지면 불멸의 존재가 된다고 이야기한다.

그의 또 다른 소설 『참을 수 없는 존재의 가벼움』에서 "이데올로기가 지배하는 시대가 끝나고 키치가 빚어낸 이미지들이 지배하는 이마골로지 imagology의 시대가 도래했다"고 했듯이, 몸을 잊어버린 몸짓이 소비의 대상으로 전락하고 자아마저 타인의 눈에 비친 이미지로 해체된 시뮬라크르의 시대에 우리는 불상의 수인을 알았다고 만족하며 떠나는 사람들처럼 붓다의 몸짓으로 그 몸을 알았다고 생각하는 것은 아닐까? 원본은 사라지고 이미지들만 남아 부유하는 이 시대에 '붓다가 꽃을 들자 가섭이 미소를 지은 뜻'은 어디에서 찾을 수 있을까?

적멸의 상징,
불탑

미술사가들이 좋아하는 감은사지 석탑

"절들이 별처럼 흩어져 있고, 탑들은 기러기가 줄지어 나는 듯하다."

『삼국유사』에 묘사된 신라 서라벌의 풍경은 그야말로 붓다의 나라, 불국이다. 오늘날 경주에 남아 있는 유적을 통해서 당시의 영화를 짐작할 수 있지만, 안타깝게도 유독 외침이 잦았던 이 땅에 남아 있는 것은 대부분 석탑이다. 그래서 중국을 전탑의 나라, 일본을 목탑의 나라, 한국은 석탑의 나라라고 한다. 전란의 풍화를 견뎌 내고 살아남은 목탑이 얼마 되지 않은 탓도 있지만, 산 많고 돌 많은 이 땅에서는 거친 돌 깎아 석탑을 짓기가 더 쉬웠던 까닭일 게다.

석탑에 대한 체계적인 연구는 한국 미술사학의 태두인 우현 고유섭高裕燮에 의해 처음 시작되었다. 1905년에 태어나 해방 한 해 전인 1944년에 세상을 떠난 그는 금수강산 구석구석 보석처럼 숨어 있는 석탑을 찾아 잊혀 가는 유물들을 기록하고 그 가치를 알리는 데 혼신의 힘을 다했다. 교통이 발달된 오늘날에도 전국에 흩어진 탑을 조사하는 일이 쉽지 않은데, 그가 생존했던 당시의 상황을 생각해 보면 보통 열정으로 해낼 수 있는 일이 아니다.

그는 왜 탑에 매료되었을까? 나는 미술사 연구자들을 만날 때마다 한국의 불교 조형물 중 가장 좋아하는 것이 무엇인지 묻곤 하는데, 대부분의 연구자들이 감은사지 석탑을 꼽는다. 나 역시 감은사지 석탑을 처음 보았을 때의 감동을 잊을 수 없다. 멀리 바다가 보이는 텅 빈 폐사지에 우뚝 솟아 있는 두 개의 탑은 그 어떤 거대한 축조물보다 더 웅변적으로 자신의 존재를 과시하고 있었다.

『삼국유사』「만파식적」조에는 문무왕을 위해 신문왕이 감은사를 세운 이야기가 전해진다. 왜병을 진압하고자 절을 짓기 시작한 문무왕은 끝내 완공하지 못하고 용이 되어 신라를 지키겠다는 유언을 남겼다. 아들 신문왕이 절을 완공하고 본존불을 모신 금당 뜰아래에 동쪽을 향해서 구멍을 하나 뚫어 용이 절에 들어와서 돌아다니게 했다고 한다. 문무왕의 유언으로 그의 유골을 간직해 둔 곳을 대왕암이라고 하고, 절 이름은 감은사感恩寺로 지었다.

장중하면서도 단순한 그 탑의 기상과 위엄이 과연 어디에서 온 것인지, 그 힘과 아름다움이 어디에 있는지, 죽어서도 바다의 용이 되어 나라를 지키겠다는 문무왕의 호국 의지와 탑을 만들고 지켜 온 민초들의 염원을 생각하며 오래 그곳에 머물렀던 기억이 있다.

소곤소곤 옛날이야기가 들려온다. 탑돌이를 하다가 눈 맞은 젊은 남녀의 이야기에서 지아비를 그리워하다 죽어 간 아사녀의 애틋한 사랑 이야기가 얽힌 무영탑 이야기까지 『삼국유사』에 전해지는 옛날이야기가 끝없이 들리는 듯하다. 석탑은 그렇게 수많은 이야기를 간직하고 있다.

붓다의 열반과 탑

불탑은 원래 중생들의 이야기를 담는 신앙의 대상이 아니었다. 불탑은 붓다의 사리를 보관하는 조형물로, 붓다의 열반 이후 그의 사리를 여덟 나라에 나누어 탑을 세워 봉안한 데서 비롯되었다. 실제로 탑 또는 탑파의 산스크리트어 원어인 스투파$^{st\bar{u}pa}$는 분릉墳陵, 탑묘塔墓, 귀종歸宗, 대취大聚 등의 뜻을 가지고 있다. 이로 미루어 탑은 고대 인도의 분묘 형식을 차용하여 거기에 기념비적 성격을 부여한 것임을 알 수 있다. 그러므로 종교 지도자뿐만 아니라 훌륭한 정치 지도자인 왕도 탑을 건립하여 추모하는 대상이 될 수 있었다.

불탑은 다른 종교에서 찾아볼 수 없는 불교만의 조형물이며 붓다가 허락한 유일한 상징물이다. 그러므로 불탑이라는 종교적 상징물이 갖는 의미와 기능을 제대로 이해하려면 붓다의 열반과 그 종교적 의미, 그리고 그

산치대탑 — 반구형 봉묘로 아쇼카 왕이 세운 가장 오래된 진신사리탑이다.
붓다의 모습은 보리수나 발자국 등 상징적인 모습으로 표현되어 있다.

사건을 추모하는 승단의 태도를 알지 않으면 안 된다.

『대반열반경』은 붓다 입멸 당시의 상황을 다음과 같이 전하고 있다.

"아난다여! 지금 이렇게 이 한 쌍의 사라나무는 아직 제철도 아닌데 꽃이 피어 그 꽃잎이 여래의 온몸에 한들한들 흩날리며 내려와 여래를 공양하고 있다. 또 허공에서는 천상에서만 피는 만다라바 꽃이 한들한들 흩날리며 여래의 온몸에 내려와 여래를 공양하고 있다. 마찬가지로 천상의 전단분향도 한들한들 흩날리며 여래의 온몸에 내려와 여래를 공양하고 있다. 천상의 악기가 허공에서 울려 퍼지면서 여래를 공양하고, 천상의 음악도 들려 여래를 공양하고 있다. 그러나 아난다여! 절대 이런 일만 여래를 경애, 존경, 숭배하며 공양하는 일이 아니다.

아난다여! 비구와 비구니, 재가신자, 여성 재가신자가 진리와 그것에 따라 일어나는 것을 향해 올바르게 행동하며 진리에 수순하여 행동하는 것이야말로 더 깊이 여래를 경애, 존경, 숭배하며 공양하는 것이 되느니라.

그러므로 아난다여! '우리들은 진리와 그것에 따라 일어나는 것을 향해 올바르게 행동하고 진리에 수순하며 행동하자'라고, 아난다여! 이렇게 배워야 한다."

붓다는 자신이 승단을 지도한다는 생각을 갖지 않았으며 임종을 앞두고도 후계자를 지목하지 않았다. 출가자 각자는 자신의 수행을 위해 노력하였을 뿐, 당시 바라문 사제처럼 신에게 공양하는 의식을 집전한다든가 하는 일은 하지 않았다. 이런 행위는 계율에 의해 엄격하게 금지되었다. 다시 말해, 불교는 교주를 신성시하여 숭배하거나 절대화한 종교가 아니라 교단의 구성원 모두가 평등하고 합리적으로 운영하는 공동체였다.

교단의 권위는 신성에 의해 주어지거나 특수한 지위에 의해 보증되는 것이 아니라 오직 수행의 결과로서 주어졌다. 따라서 붓다만 아니라 일정한 수행 과위에 오른 수행자도 붓다를 대신하여 설법을 했다.

그러므로 붓다가 열반했을 때, 제자들은 붓다를 대신하는 어떤 권위적 체계를 만들 필요를 느끼지 않았다. 여래를 깊이 숭앙하는 왕족이나 바라문, 자산가 등 신도가 붓다의 장례를 맡았으며 제자들은 출가 본래의 목적에 따라 게으름을 부리지 않고 바른 마음으로 정진하도록 유촉을 받았다.

'와서 보라'

탑은 어떤 대상을 신성시하고 숭배하기 위해서가 아니라, 그 주인공이 가

봉정사(위)와 순천 선암사(아래) ― 우리나라 석탑은 단순한 구조이지만 장중하고 조형적으로 빼어나다. 번화한 사거리에서 사원 안으로 들어온 불탑은 외적인 아름다움만이 아니라 모든 이들에게 자비로 가르침을 베푼 붓다를 기억하게 하고 나아가 붓다의 길을 걸어 보도록 권하는 초대이다.

졌던 정신적 고매함을 추모하고 그와 같은 청정한 마음을 불러일으키기 위해 건립된 조형물이다. 청정한 마음의 공덕으로 사후에 좋은 곳에서 태어날 수 있지만, 탑의 공덕은 어디까지나 그것을 보면서 얻어진 청정한 마음에 있었다.

훗날 사리 분실의 위험 때문에 탑이 사원 안으로 옮겨지지만 처음부터 그런 것은 아니었다. 많은 사람들이 붓다를 기리고 그의 가르침을 새길 수 있도록 번화한 사거리에 세워졌다. 법을 구하는 이가 있으면 언제든지 '와서 보라^{ehi pasiko}!'고 열어 둔 것처럼 사후에도 네거리에 세워진 불탑은 모든 이들에게 자비로 가르침을 베푼 붓다를 기억하게 하고 나아가 붓다의 길을 걸어 보도록 권하는 일종의 초대였다. 불교는 이처럼 열린 종교였다.

그러므로 귀의자들에게 불탑은 단순한 분묘가 아니라 붓다의 상징이다. 붓다의 육신을 다비한 후 남는 사리는 붓다의 수행의 힘과 정신성을 대표하는 것으로 여겼기 때문에 붓다의 사리를 간직하고 있는 불탑은 당연히 붓다를 대신한다고 생각했다. 이런 생각은 대승불교가 일어나기 이전, 붓다고사Buddhaghosa의 시대에 이미 보편화되어 있었다. 상좌부불교에서 대승불교로 이행되는 단계를 보여 주는 『밀린다팡하』에도 사리숭배가 신도들에게는 적극 권장되었지만 출가비구에게는 그다지 장려되지 않았던 정황이 나와 있다.

아쇼카 왕의 통치 아래서 인도 전역에 8만4천여 개의 탑이 세워졌다고 한다. 그 사실 여부를 확인할 수 없지만, 이 시대에 불탑이 사거리가 아닌 승원 안에 건립되었다는 것만큼은 분명하다. 그와 함께 신도들 사이에 퍼져 있던 불탑신앙에 출가비구도 동참한다. 『열반경』에서 출가비구가 탑을 숭배하는 것을 만류함에도 불구하고 불탑신앙은 출가비구의 일상생활의 일부가 되었다. 그러므로 감은사지를 비롯한 신라와 백제의 사찰에서 볼 수 있는 탑과 금당의 배치는 불탑신앙이 확립된 이후에야 나타나는 구조라고 할 수 있다.

불교가 동아시아로 전해지는 과정에서 고대 인도의 반구형 스투파가 지금과 같은 탑의 형태로 바뀌었는데, 그 때문에 반구형이 주는 분묘의 느낌이 엷어지고 '붓다의 몸'이라는 상징성이 더 강하게 느껴진다. 또한 높아진 기단 부분과 상륜부에 남은 스투파 형식 때문에 동아시아의 목탑은 우주적 원이나 만다라라는 수평적인 조형성보다 누적적이고 상승적인 조형성이 강조되어 신앙의 대상으로 적합해 보인다.

우리나라 석탑은 복잡하고 누적적인 다층 구조의 중국 목탑 형식을 단순화시켜 상승감과 안정감이 조화를 이루는 형태로 발전한다. 가장 단순하고 명확한 형식을 구현한 불국사 삼층석탑 양식은 그 조형미와 안정감 때문에 석탑의 대표적인 양식이 되었다.

한국 석탑은 장중하고 단순한 구조와 조형적 아름다움을 통하여 불신의 현존과 적멸을 가장 분명하게 보여 준다. 지혜로운 수행자의 구도 열정뿐만 아니라 붓다의 몸이라고 믿는 중생의 애환과 비원까지 다 담고 있는 것이 아닐까? 문무왕의 호국의 염원도, 아사달의 예술혼도 붓다의 이름으로 그 속에 모두 녹아들어 있다.

고유섭과 야나기

일제강점기에 아무도 거들떠보지 않던 한국 예술의 아름다움에 매료된 일본 지식인 한 사람이 있었다. 광화문 철거를 반대하고 석굴암의 부조에 감동하고 조선의 막사발을 최고의 예술 작품으로 상찬한 그의 한마디 한마디는 일본의 강압적인 식민정책과 선진 문명에 기죽어 있던 조선의 지식인들에게 감로수와 다름이 없었다. 1916년 조선을 방문했을 때 그는 염상섭을 비롯한 폐허파 동인들의 열렬한 환영을 받았다.

'조선의 벗'을 자처했으며, 1984년 대한민국 정부로부터 보관문화훈장을 받은 야나기 무네요시가 바로 그 사람이다. 오늘날까지 야나기에 대한 학계의 평가가 엇갈리고 있어서 훈장 수여는 성급한 결정이 아니었나 싶지만, 조선 예술에 대한 그의 평가는 긍정적이든 부정적이든 오늘날까지도 지속적으로 영향을 주고 있다.

그는 1916년 조선 여행에서 만난 조선 시대 다완茶碗에서 민예론의 근거가 되는 미의식을 발견하고 1922년 〈이조 도자 전시회〉를 개최한다. 이 전시회는 조선 예술을 '민예'로 규정하는 데 결정적인 역할을 했는데 이로부터 조선 예술을 해석하는 관점은 모두 야나기에게 기대게 된다. "나는 조선의 역사가 고뇌의 역사이며, 예술의 미가 비애의 미인 것을 말했다. [……] 그들은 그들의 쓸쓸함을 고백하는 벗을 미의 세계에서 구했다. [……] 의지할 데 없는 쓸쓸한 마음을 전하는 데 눈물겨운 선보다 더 어울리는 길은 없을 것이다. [……] 비애의 미는 마음을 누르는 미가 아닌가. 그 미만큼 사람을 매혹시키는 것은 없을 것이다."

그의 호의에도 불구하고, 야나기가 조선의 미를 선의 미이며 비애의 미라고 정의한 것은 서양의 오리엔탈리즘이 동양을 타자화한 것과 마찬가지로 식민지 조선을 객체화하고 타자화했다. 담론의 주체인 일본에 의해 조선은 '목소리 없는 사물'이 되었다. 비애미는 조선 예술, 나아가 조선의 역사와 민족을 이해하는 핵심어로 확립되어 오랫동안 조선인의 의식을 지배하게 된다.

따라서 야나기의 비애미론은 우리 문화의 진정한 주체로 서기 위하여 넘지 않으면 안 되는 과제였다. 경성제국대학에서 미학을 공부했던 고유섭은 야나기의 비애미론이 "실제에 비추어 본즉 국민적, 국가적 특색이라 하기에는 너무나 시적인 구별에 지나지 않는다"고 비판하면서 한국미에 대한 야나기의 부정적 정의를 극복하고자 노력했다. 이러한 인식은 그가 미학보다는 미술사 연구에 노력을 기울이게 한 계기가 되었다. 고유섭은 한국미에 대한 실증 조사를 통해 한국미의 특징을 '무기교의 기교', '무계획의 계획', '비정제성', '적조미', '적요한 유모어', '어른 같은 아해', '비균제성', '무관심성', '구수한 큰 맛'으로 제시한다. 그의 시도 이래 최순우, 조지훈, 김원룡, 조요한을 비롯한 수많은 미학자, 미술사학자들이 한국미를 정의하려고 시도했다.

그러나 이 시도들은 궁극적으로 야나기의 비애미론의 틀을 벗어나지 않는다. 왜냐하면 그것들은 야나기의 주장과 마찬가지로 한국미를 통시적으로 단일한 것으로 상정할 뿐 아니라 오로지 미감이나 형식적 특징으로 이해했기 때문이다. 그것은 야나기의 비애미론에 반대했던 고유섭 등이 야나기의 민예론을 수용한 것에서도 확인된다.

그럼에도 불구하고 고유섭이 한국 미술을 보존하고 정리한 공적은 평가 절하될 수 없다. 일제강점기의 시대적 절망을 미술사 연구로 극복하려 했던 한 미술사가에게 탑은 민족적 긍지의 결집체이자 자기 존재의 근거였다. 해방을 한 해 앞두고 짧은 생애를 마감한 고유섭의 비원은 전국 방방곡곡 발품을 팔아 가며 연구했던 조선의 탑과 더불어 다시 천년을 전해질 것이다.

영화를 자랑하던 황룡사 구층탑도 불타 없어지고 화려한 전각들도 사라졌지만, 석탑은 홀로 남아 찬란했던 세월의 부산함도, 하염없이 오고간 사람들의 발길도 모두 거두어들인 채 오롯이 영겁의 시간을 지키고 서 있다. 탑은 그 많은 중생의 기원을 어디에 담고 있는가? 텅 빈 절터를 쓸쓸히 지키고 있는 탑의 침묵을 살짝 걷고 안으로 들어가 보면 탑은 수많은 기억을 담고 있다. 깨달음을 이룬 붓다의 가르침에서 탑돌이를 하며 영원을 기약 했던 선남선녀의 사랑과 동해를 지키는 용이 되겠다는 문무왕의 호국충절, 그리고 고통스러운 시대 상황에서도 조상의 정신과 아름다움을 보존 하려고 했던 고유섭의 미술사 연구까지, 탑이 없었다면 어떻게 그 기억들 을 간직할 수 있었겠는가?

모든 것이 성주괴공成住壞空 하는 우주의 원리에 따라 영화롭던 시절의 사찰 건축은 사라졌고 탑 또한 언젠가는 없어질 것이다. 하지만 탑이 남아 있는 한, 텅 빈 벌판의 한 모퉁이는 자신의 근본을 찾아가는 침묵의 공간 으로 남을 것이다. 그렇게 기억을 간직한 탑은 후손들에게 삶의 이정표가 될 것이다.

시간과 연꽃

처염상정의 꽃

연꽃은 불교의 등장 이전부터 인도의 수많은 신화에 등장했지만, 이 꽃의 거룩한 의미를 알아본 자는 없었다. 영취산에서 제자들을 모아 놓고 설법하던 붓다가 문득 연꽃 한 송이를 들어 보였다. 창조주 브라흐마가 우주를 창조했던 곳이며 혼돈의 물 밑에서 잠자는 영원한 정령인 나라야나[nārāyaṇa]의 배꼽에서 태어난 꽃으로 신성시되었으나, 더러운 진흙 속에서 피는 이 꽃을 붓다가 들어 보인 뜻은 아무도 알지 못했다. 오직 한 사람만 붓다의

▶ **연꽃** ─ 온갖 더러움으로 가득한 세상에 살면서도 물들지 않는 수행자처럼 연꽃은 맑고 고귀한 꽃이며 물방울이 연잎에 스며들지 않고 굴러 떨어지는 것처럼 악행이 수행자들의 마음을 물들이지 못한다. 강진형 사진 제공.

뜻을 알고 미소로 화답하였으니 그가 바로 마하가섭이다. '염화미소'의 에 피소드에서부터 연꽃은 깨달음의 상징이 되었다.

연꽃에 깃든 불교적인 의미는 무궁무진하다. 혼탁한 세상에 물들지 않고 맑고 미묘한 향기를 담고 있는 처염상정處染常淨의 꽃, 꽃과 열매가 동시에 맺히는 화과동시花果同時의 꽃, 그래서 중생과 붓다가 근본적으로 둘이 아니 라 하나라는 사실을 보여 주는 '실상'을 상징하는 꽃이며, 극락세계의 연 못에 피어 있는 즐거움의 꽃이다.

그것은 온갖 더러움으로 가득한 세상에 살면서도 그 세상에 물들지 않는 수행자처럼 맑고 고귀한 꽃이며 물방울이 연잎에 스며들지 않고 굴러 떨 어지는 것처럼 악행이 수행자들의 마음을 물들이지 못한다. 연꽃의 향기 가 세상을 가득 채우듯이 고결한 인품은 세상을 정화시킨다. 연꽃의 아름 다움은 사람들을 행복하게 하듯이 수행자의 덕행은 모든 사람에게 기쁨을 준다. 덕을 행하는 자는 부드럽고 연약한 연꽃 줄기가 바람에 꺾이지 않 는 것처럼 겸손하게 몸을 낮추면서도 항상 올곧다. 꽃과 열매가 동시에 맺 히듯이 착한 행동은 반드시 좋은 결과가 있기 마련이다. 온갖 꽃들의 싹은 서로 비슷하지만 연꽃의 싹은 처음부터 다르듯이, 될성부른 사람은 아무 리 몸을 낮추어도 다른 사람들과 구별된다. 남루한 옷차림에도 그의 인격 은 고귀하게 빛난다.

이처럼 청정하고 고귀한 연꽃은 그 자태만으로도 많은 이들의 마음을 움 직였다. 천하의 명문, 「애련설」을 지은 송대 신유학자 주돈이周敦頤는 "진흙 에서 나왔으나 더러움에 물들지 않고, 맑고 출렁이는 물에 씻겨 깨끗하되 요염하지 않고, 속은 통하고 밖은 곧으며, 덩굴도 뻗지 않고 가지도 치지 않으며, 향기는 멀수록 더욱 맑고, 꼿꼿하고 깨끗이 서 있어 멀리서 바라볼 수 있지만 함부로 가까이 할 수 없다"고 연꽃의 덕을 칭송한다. 은일을 즐기던 도연명이 사랑한 국화도 아니고 세상 사람들이 좋아하는 부귀영화의 꽃 모란도 아니지만, 세상에 있으되 세상의 온갖 탐욕에 물들지 않는 연꽃은 주돈이 이후 군자의 꽃으로 선비들의 사랑을 듬뿍 받았다.

동아시아 문화에서 연꽃은 문학작품과 그림의 소재로 널리 사용되었다. 단원 김홍도가 그린 〈하화청정〉에는 찌는 듯한 더위에 연못에 피어난 연꽃과 그 주변에서 놀고 있는 한 쌍의 고추잠자리가 묘사되어 있다. 풍속화에서 순간 포착에 탁월한 재능을 보인 단원은 이 그림에서도 한 쌍의 고추잠자리가 연꽃 주위를 선회하는 순간의 모습을 사진을 찍듯 잘 포착하고 있다. 이 그림은 서양화의 음영 기법을 응용하여 연꽃의 세밀한 묘사와 연잎이 시들어 가는 모습을 자연스럽게 그려 낸다. 춤추듯 날아오르는 한 쌍의 고추잠자리와 살짝 몸을 기울이는 연꽃의 사랑스러운 모습이 여름날의 상쾌함을 전한다.

불교미술에서 연꽃은 불상의 대좌나 광배, 그리고 석탑이나 부도에 새겨 놓는 문양으로 사용된다. 불단과 천장에도 연꽃 문양이 그려져 있고 기와나 창살, 벽돌까지도 연꽃의 문양이 사용된다. 연꽃은 이처럼 사찰의 모든 곳에서 사용되지만 무던히도 겸손한 꽃이다. 연꽃은 그 자체로 화려한 조명을 받기보다 불상을 모시는 좌대로서, 또는 석등을 받치는 받침대로서 그렇게 몸을 낮추어 다른 것들을 빛나게 한다.

붓다가 룸비니 동산에서 태어났을 때에도 연꽃은 그저 붓다의 발밑에서 피어올라 동서남북 사방으로 일곱 걸음을 걸을 때마다 그의 발을 받쳐 주

봉정사(위), 순천 송광사(아래)의 연꽃 문양 — 연꽃은 무던히도 겸손한 꽃이다. 연꽃은 그 자체로 화려한 조명을 받기보다 불상을 모시는 좌대로 기와나 창살의 문양으로 몸을 낮추어 다른 것들을 빛나게 한다.

었을 뿐, 그 존재를 자랑하지 않았다.

연꽃 만나고 가는 바람처럼

『마지마니카야』에는 붓다 탄생의 모습을 "여래는 태어나자마자 발을 땅에
딛고 북쪽을 향해서 흰색 양산을 드리운 채 일곱 걸음을 걸었다. 일체제방
을 바라보고 황소의 목소리로 말했다. '나는 세상에서 가장 높은 자, 가장
선한 자, 가장 연장자이다. 이것이 나의 마지막 생이니, 이후로 나에게 새
로운 생은 없으리라'"고 기록하고 있다.

종교학자 엘리아데Mircea Eliade는 붓다가 내디딘 일곱 걸음을 우주의 일곱

단원 김홍도의 하화청정도 — 시들어가는 연잎과 화사한 연꽃의 대비, 두 눈을 동그랗게 뜬 채 서로 마주보는 고추잠자리의 모습에서 여름날의 상쾌함이 느껴진다. 간송미술관 소장.

행성에 해당하는 일곱 층을 가로지르는 상징적 행위라고 해석한다. 일곱 층의 우주를 가로질러 세계의 정상에 도달한 붓다는 말 그대로 가장 높은 자이며 그것은 공간적으로 세계를 초월함을 의미한다. 그와 동시에 붓다는 시간을 초월한다. 왜냐하면 우주의 정상에서 세계가 창조되었기 때문이다. 따라서 그곳은 가장 오래된 곳이며 이곳에 선 붓다는 태초의 존재로서 '나는 가장 연장자'라고 외친 것이다. 시간과 공간을 초월하여 우주의 탄생 이전의 장소에 선 붓다는 더 이상 윤회의 세상을 살지 않는다. 그래서 그는 '이 생이 나의 마지막 생'이라고 사자후를 한 것이다.

붓다가 한 걸음 한 걸음 옮길 때마다 피어올랐던 연꽃은 탄생의 의미와 동시에 청정하고 거룩한 수행을 상징한다. 진흙 속에서 물들지 않는 연꽃처럼 붓다 또한 이 세상에 머물지만 세상의 더러움에 물들지 않는 것임을.

부처님 오신 날이면 거리마다 오색 등을 내다 걸고 석탑도 세우고 붓다의 탄생을 축하한다. 거리에서 만나는 연등은 봄의 햇살을 받아 산뜻하게 빛난다. 봄날이 가고 여름이 오면, 찌는 듯한 더위 속에서 단원의 연꽃도 만날 것이다.

서정주 시인은 말한다. 연꽃 만나러 가는 바람이 아니라 연꽃 만나고 가는 바람처럼, 그것도 엊그제가 아니라 한두 철 전에 만나고 가는 것처럼, 섭섭하지만 아주 조금만 섭섭하라고.

◀ **운문사 작압전 석조여래좌상** — 기원 후 1세기부터 불상의 좌대나 광배에 조각된 연꽃무늬는 우주의 생성과 소멸, 탄생과 파괴의 과정을 상징한다. 뭇 중생들을 품어 주고 아픔을 달래 주느라 코가 깎이고 세월의 풍화에 얼굴도 뭉그러졌지만, 연꽃 좌대 위에 조용히 앉아 있는 운문사 석조여래좌상의 편안하고 소박한 모습은 변치 않는 고요, 그 자체이다.

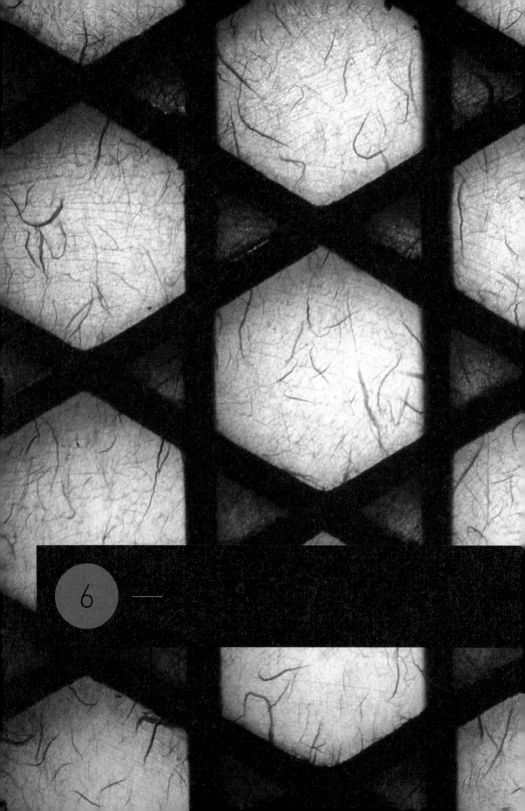

6 —

공간 소통의 미학

자연과
소통하는 사찰

템플스테이가 가능한 이유

요즘 템플스테이가 인기이다. 풍광이 좋은 절에서 며칠간 머물면서 스님들처럼 먹고 자고 수행하는 것은 세상에서 행해지는 그 어떤 치유보다 몸과 마음을 정화시키고 회복시키는 힘을 갖기 때문이다.

그런데 사실 '템플스테이'라는 말은 맞지 않는다. 서양에서 '템플temple'은 신전을 말한다. 서양의 신전은 그야말로 신을 위한 공간이기 때문에 신전을 지키는 사람조차 그 공간에서 거주하는 것이 허용되지 않는다. 그러므

▶ **해인사 일주문** ─ 성과 속의 경계인 일주문 옆에 최평곤 작가의 작품 '내가 아닌 나'가 섰다. 대나무로 만들어진 틈을 들여다보면 시커먼 조형물이 또 하나 들어 있다. 남이 보는 '나'와 내가 보는 '나' 사이에서 '참 나'의 의미를 묻는다.

로 성직자를 위한 주거 공간을 성소 외부의 별채에 마련하는 것이 보통이다. 그러니까 '템플스테이'는 원칙적으로 불가능하다. 이처럼 서양에서 불가능한 템플스테이가 한국 불교에서 가능한 것은 사찰 공간의 의미와 기능이 서양과는 확연히 다르기 때문이다.

공간은 그 속에서 활동하는 사람들의 생각과 관계까지도 영향을 준다. 성과 속이 완벽하게 분리된 서양 건축과 달리, 동아시아 불교의 사찰 건축에서 성과 속의 공간은 기능적으로 중첩되고 통일되어 있다. 불교 사찰은 불교의 상징인 불상이나 탑을 조성하여 수행자들이 머물면서 수행하고 법을 전하는 동시에 신도들이 예배하고 수행하는 장소이다. 다시 말해 사찰은 불보살을 위한 공간이 아니라 인간을 위한 공간이다. 따라서 동아시아 사찰 건축은 서양처럼 폐쇄적이고 분리된 성소가 아니라 개방적이고 소통을 추구하는 공간이다.

가람의 어원인 '상가라마Saṃghārāma'는 수행자들의 모임인 '상가Saṃgha'와 거주처를 뜻하는 '아라마ārāma(원림)'를 합친 용어로서, 교단을 구성하는 사부대중이 모여 사는 곳을 가리킨다. 고타마 붓다의 재세시 중인도 마가다국 가란타 장자가 기증한 원림에 빔비사라 왕이 오두막 60동을 건축하여 만든 최초의 사찰인 죽림정사 역시 겨우 비바람만 피할 수 있는 조촐한 건물에 불과했다. 원래 사찰은 대도시 주변의 숲이 있는 동산에 위치했으며 인도는 열대우림 기후 때문에 수행자들이 탁발과 유행을 할 수 없을 때 수행을 위한 안거 제도가 정착하면서 정진의 공간으로 조성되었다. 그러다가 점차 일 년 내내 상주하는 주거 공간으로 바뀌었지만 원래 가지고 있는 수행 공간의 성격을 잃지 않았다.

특히 선종 사찰은 예불이나 기도 같은 종교적이고 상징적인 기능보다 수행을 위한 기능이 강조되었다. 원효 스님이 「발심수행장」에서 수행자에게 세속의 인연을 끊고 심산유곡에서 수행할 것을 권유한 것처럼, 불교 수행자에게 적정처에서의 수행은 꼭 필요했다. 적정처에서의 수행은 대부분 개인적인 수행이기 때문에 굳이 사원을 건립할 필요가 없었으나, 선종 수행은 조사祖師를 중심으로 모인 사원 공동체에서 이루어졌기 때문에 대중이 함께 수행할 수 있는 장소, 즉 사찰이 필요했다.

순천 송광사 불이문 — 일반적으로 불이문은 일주문, 사천왕문과 일렬로 배치되어 불보살의 세계를 상징한다. 송광사 불이문은 스님들의 수행처로 들어가는 작은 문으로, 수행자의 맑고 조촐한 기품을 느낄 수 있다.

절에 산을 담다

지금도 그렇듯이 선종 사찰을 지을 때 주된 관심은 우주의 중심으로서의 사원, 즉 불국토 건설에 있는 것이 아니라, 수행을 위한 최적의 환경을 조성하는 데 있었다. 그 결과 선종 사찰은 대부분 인적이 드문 심산유곡에 자리 잡았다. 사찰 부지를 선정할 때 풍수지리설을 적극적으로 활용하였

여수 흥국사 원통보전 — 절터는 땅의 기운이 넘치고 맑고 안정되어야 하며, 가능하면 자연의 힘을 모아 사람의 마음을 안정시키고 심성을 맑게 하여 선 수행에 도움이 되어야 한다.

다. 절터는 땅의 기운이 넘치고 맑고 안정되어야 하며, 가능하면 자연의 힘을 모아 사람의 마음을 안정시키고 심성을 맑게 하여 선수행에 도움이 되어야 했다.

풍수지리설은 특히 신라 말 구산선문九山禪門과 따로 떼어 생각할 수 없다. 구산선문 중 여덟 개의 산문이 중국의 풍수지리설이 유포된 강서지방에서 유학한 선승에 의해 개창되었다는 사실은 선종이 풍수지리설의 유행에 일조하였다는 학설을 역사적으로 뒷받침한다. 중국에서는 육조 혜능의 시대에 강서지방을 중심으로 풍수지리설이 유행했는데, 이 사실은 혜능이 보림사를 정한 기록과 백장회해와 사마두타, 영우에 얽힌 기록을 통해 확인할 수 있다.

당시 중국 사찰이 풍수 원리에 따라 이루어진 것처럼, 당나라를 유학하고 돌아온 신라의 선승들은 각자 산문을 개창할 때 풍수 원리에 따라 터를 선정하였다. 장소는 풍수 유행 이전의 민간신앙의 성지인 경우도 있었는데, 이는 그곳이 풍수지리적으로도 훌륭한 장소였기 때문이다. 결함이 있는 터에도 도선 율사의 비보裨補 논리에 따라 절을 지어 풍수지리적인 단점을 보완했다.

선종과 더불어 풍수지리설이 유행할 수 있었던 데에는 그것을 받아들일 만한 사회 분위기와 지지 기반도 중요한 역할을 했다. 각 산문은 지방 교화의 중심지이자 지방 문화의 중심지였으며, 풍수지리설은 그 수용 계층인 호족 세력들에게 진골 귀족들의 지역적 폐쇄성에 반발할 수 있는 이론적 근거를 마련해 주었다. 지방 호족은 풍수지리설을 이용하여 자신의 본거지를 명당이라고 내세움으로써 그들의 독립적 세력 형성을 합리화했다. 이처럼 적정처에서 수행하는 선종 수행의 전통과 풍수지리설의 영향, 그리고 선종의 지지 세력인 호족의 지방분권적 성격 때문에 선종 사찰은 대부분 산지에 위치하게 되었다.

선종 사찰은 종교적 상징의 완전성이나 성스러움 때문에 아름다운 것이 아니며, 종교적 진리가 그 아름다움을 규정하지 않는다. 다시 말해 선종에 이르러 자연은 종교적 상징성이나 도덕적 비유를 완전히 떨쳐 버리고 순수하게 현상적인 것이 되었다.

자연은 원시 신앙에서는 보이지 않는 마법적 힘의 상징이었으며, 유가에서는 『논어』의 "지혜로운 삶은 물을 좋아하고 어진 사람은 산을 좋아한다"처럼 덕의 유비喩比로 사용되었다. 그러나 선종에서 자연은 주술적 괴력의 존재도, 덕의 유비로서 도덕에 대한 예시도 아닌 순수 현상이 된다. 이러한 자연관으로 말미암아 이제 자연은 순수하게 미적인 것이 되었다.

선종 수행에 있어서 자연은 매우 중요한 요소이다. 선종이 비록 일체 색을 떠날 것을 주장한다 하더라도 자연환경의 중요성은 새삼 강조할 필요가 없을 정도이다. 선종 사찰은 대부분 산지에 위치하고 있으므로 산수가 갖는 의미는 대단히 크다. 그러나 그것은 세속의 인연을 끊는다거나 산수에 흐르는 기운을 모아 정신적 에너지로 바꾼다는 종교적 의미에서뿐 아니라 깨달음에 대한 선적인 표현의 매체가 된다는 점에서 무엇보다 중요하다.

불교는 눈, 귀, 코, 혀, 몸, 생각이라는 감수 작용을 통해 색, 소리, 냄새, 맛, 촉감, 법을 순수 현상으로 이해하여 세계를 바라본다. 객관적 실재의 본질이 아닌 인간의 주관적 인식 능력에 의해 나타난 세계의 모습을 보는 것이다. 그러므로 그것은 결정적 본성을 갖는 것이 아니라 상호 의존적으로 발생하는 것이며 궁극적으로 공空한 것이다.

선종에서 자연은 순수하게 현상적인 것이지만, 그 현상은 현상으로서 그치는 것이 아니라 공空의 직관으로 변한다. 바로 현상 속에서 공을 직관할 수 있을 때 깨달음을 얻는다. 여기서 자연은 선적 깨달음의 가장 순수한 표현이 되며, 미적 대상으로도 전환될 수 있다.

주의해야 할 것은 미적 대상으로서의 자연이 서양 미학에서처럼 그 자체의 미를 가지고 있기 때문에 미적 대상이 되는 것이 아니라는 점이다. 다시 말해 자연에 내재된 객관적 미에 의해 우리가 미를 감수하는 것이 아니라, 자연을 순수한 현상으로 바라보는 그리고 그것을 공한 것으로 인식하는 데에서 미적 감수가 형성되며, 동시에 선적 깨달음이 가능하다는 것이다. 바로 이것이 '시선일치^{詩禪一致}'를 주장하는 근거이다.

선 수행에서 수행은 자연과 소통하고 대중과 함께하는 과정에서 깊어 가는 것, 그러므로 속의 공간을 그대로 성의 공간으로 바꾸는 힘이다.

청산은 나를 보고 말없이 살라하고
창공은 나를 보고 티 없이 살라하네
탐욕도 벗어 놓고 성냄도 벗어 놓고
물처럼 바람처럼 살다가 가라하네.

세월은 나를 보고 덧없다 하지 않고
우주는 나를 보고 곳 없다 하지 않네
번뇌도 벗어 놓고 욕심도 벗어 놓고
강같이 구름같이 말없이 가라하네.

　－나옹화상

텅 빈
절 마당에 깃든
상징

모든 것을 받아들이는 열린 구조

일반적으로 종교 건축은 강한 상징성을 갖는다. 욕망으로 넘쳐나는 지상에 성스러운 공간을 만들려면 종교적 상징물이 없으면 안 되기 때문이다. 대부분의 경우, 종교 건축의 신성함은 그곳에 안치된 성상의 힘에 의지하지만, 발리 섬의 힌두 사원처럼 지상에 내려온 신이 사용할 빈 의자만으로 종교적인 신성함을 획득하는 경우도 있다. 그렇지만 어떤 경우에도 종교 건축은 인간을 위한 공간이 아니라 초월적인 존재를 위한 공간으로 고안

▶ **해인사** — 불이문을 지나면 절 마당에 발을 딛게 된다. 무심한 듯 정갈하게 정돈된 절 마당에는 종교적 상징성이 깃들어 있다. 하루 수백 번을 지나다니더라도 수행자는 대웅전을 향해 절을 하고 신심 깊은 사람들은 탑을 돌며 소원을 빈다.

된다.

이와 달리 불교 건축은 초월적 존재를 위한 공간이 아니라 인간을 위한 공간, 수행을 위한 공간을 만드는 것이 목적이다. 그렇지만 불교 건축 역시 불교의 우주관과 세계관을 현실 세계에 구현하기 위하여 그 속에 상징적인 의미를 담고 있다. 욕계, 색계, 무색계, 그리고 적멸의 세계로 상승하는 불교적 우주관을 가장 잘 표현한 상징적인 건축물로 보르부두르 대탑이 대표적이다.

불교 건축에서 가장 중요한 상징물은 불상을 안치한 전각이나 사리를 보관하는 탑이지만 법당 안팎의 여러 가지 구조물과 장식물들, 심지어 진입 공간과 일주문, 불이문으로 이어지는 문, 종교적 승화를 표상하는 계단까지도 상징적인 의미를 지닌다.

그런데 흥미롭게도 불교 사찰의 상징적 의미는 유형의 구조물뿐 아니라 건물들을 배치하면서 생겨나는 빈 공간에도 깃들어 있다. 바로 절 마당이다. 그저 텅 빈 마당에 종교적 상징성이 깃들어 있다니 도대체 무슨 이야기인가?

절 마당에는 탑이나 괘불대 같은 석조 구조물이 세워져 있는 경우도 있지만, 그냥 텅 빈 공간 한쪽 구석에 자연석이 세워져 있거나 향나무, 보리수, 파초 같은 식물이나 국화, 나팔꽃 같은 다년생 풀이 자라는 경우도 흔히 볼 수 있다. 이 텅 빈 마당에서 신남신녀信男信女들이 탑돌이를 하고 대중들이 야단법석野壇法席을 펴거나 좌선하던 선수행자들이 일어나 걷기도 한다.

사찰의 텅 빈 마당은 이처럼 신남신녀의 염원도 받아들이고 오고가는 뭇사람들의 발자국도 받아들이고 눈 푸른 납자의 그림자도 받아들인다. 사

미황사 괘불대(좌), 봉정사 석축(우) — 절 마당에는 탑이나 괘불대 같은 석조 구조물이 세워진 경우도 있지만 그냥 텅 빈 공간한쪽 구석에 자연석이 세워져 있거나 다년생 풀이 자라는 경우도 흔히 볼 수 있다.

람들이 떠나면 낮에는 뙤약볕을, 밤에는 별빛과 달빛을 받아들이고 여름에는 장대비를, 겨울에는 하얀 눈을 받아들이며 봄가을에는 산천에 피어나는 꽃과 단풍을 받아들인다. 뿐만 아니라 스쳐가는 바람과 하늘을 떠도는 구름까지도 받아들인다.

특히 한국의 절 마당은 유럽식의 중정처럼 사면의 담이나 벽으로 둘러싸인 것이 아니라 사면의 건축물에 의해 만들어지는 허술한 공간이다. 그곳은 꽉 막힌 폐쇄적인 공간이 아니라 세상의 모든 것을 다 받아들이는 열린 공간이다. 이 텅 빈 장방형의 공간은 그야말로 '공'의 상징이면서 실제로 마음을 비우고 청정하게 하는 '비움'의 장소이다.

영주 부석사 — 무량수전 배흘림기둥에 기대어 안양루 아래로 아스라이 사라져 가는 백두대간을 바라보면 누구라도 자신을 내려놓고 사물을 관조적으로 바라보게 된다.

자연의 풍경을 끌어들이다

절 마당은 담이나 벽 같은 경계를 갖지 않기 때문에 경계 너머 모든 것을 받아들인다. 누각과 종루, 창호를 통해 높이 자란 아름드리나무의 푸르른 잎도 받아들이고 저 멀리 파노라마처럼 펼쳐진 산과 강, 끝없이 펼쳐진 푸른 하늘까지도 받아들인다. 이렇게 절 마당은 담장이 끝나는 지점에서 담장 너머의 자연을 받아들인다.

누정이나 종루에서 바라본 아스라하게 사라져 가는 먼 경치는 우리 자신을 내려놓고 사물을 관조적으로 바라보게 한다. 최순우의 책으로 유명해진 무량수전 배흘림기둥에 기대어 안양루 아래로 아스라이 사라져 가는 백두대간을 바라보거나 선운사 만세루에서 비학산의 비경을 바라본다. 월명암 마루에 앉아 보름달이 떠오르는 것을 맞이하고 간월암에서 서해로

지는 해를 바라보며 우리는 몸과 마음을 잊고 근본으로 돌아간다. 그리하여 마당도 비고 마음까지도 텅 비어질 때, 산을 보면 산이 그대로 산이고 물을 보면 물이 그대로 물이라는 것을 깨닫게 된다.

이처럼 건물 외부의 자연을 끌어들여 자신의 풍경으로 만드는 것을 '차경(借境)'이라고 한다. 차경을 위하여 대부분의 선종 사찰은 탁월한 조망을 갖는 지점에 조성되었다. 또한 한국의 사찰 정원은 선적인 정신을 보여 주는 차경의 또 다른 훌륭한 본보기이다.

자연의 풍경을 끌어들이기 위하여 한국 사찰은 바위와 나무, 심지어 마당의 모래까지 인공적으로 조성한 일본 사찰의 고도로 정제된 정원을 거부하고 토종의 꽃과 풀이 자라는 소박하고 정감 있는 뜰에 만족한다. 의식적인 집중을 요구하는 일본 젠 스타일의 정원이 아니라, 오히려 꾸미지 않고 무심하게 자연을 있는 그대로 내버려 둔 듯한 한국 절 마당의 작은 뜰에서 사물은 종교적 상징성을 버리고 제각각의 모습으로 불성을 현현한다.

푸른 대나무는 모두 法身이요,

향기로운 국화는 반야 아님이 없다.

– 『경덕전등록』

자연이란 '스스로 그러한 것', '원래 그러한 것'이다. 우주 만물은 인연에 따라 생멸하고 변화하여 그 어떤 것도 영원하지 않다. 산수 자연은 어떤 고정된 실체가 없으며 공이며 불성의 체현이기 때문에 적막하게 죽어 있는 것이 아니라 활발한 선취禪趣를 띠고 있다. 그러므로 해와 달과 별, 산하 대지뿐 아니라 대나무 하나, 꽃 한 송이, 구름 한 조각, 골짜기와 개울, 화초와 나무를 관조하는 가운데 청정한 마음을 얻는다.

시불詩佛로 일컬어지는 중국 당송팔대가의 한 사람인 왕유는 〈여름날 청룡사를 지나며 조선사를 뵙고서〉에서 다음과 같이 읊고 있다.

> 산하는 천안天眼 속에 있고
> 세계는 법신 가운데 있다.

불교를 독실하게 믿은 왕유는 아름다운 산수 자연에서 불성을 느끼는 경지에 이른다. 산수 자연의 청정한 선취를 추구하여 텅 비고 고요한 마음의 상태를 이루어 번잡한 세상을 벗어나 이상적인 삶을 이룰 수 있었다.

> 홀로 깊은 대숲 속에 앉아
> 거문고를 뜯고 또 길게 읊조리네.
> 무성한 숲이라 사람들은 모르지만
> 밝은 달이 찾아와 비쳐 주네.
> – 〈죽리관竹里館〉

> 걸어서 물이 다한 곳에 이르면
> 앉아서 구름이 이는 것을 보고,
> 우연히 숲 속의 노인 만나

얘기하고 웃으며 돌아가기를 잊는다네.

- 〈종남별업終南別業〉

동아시아에서 선종 사상은 자연을 감상하고 관조하는 태도에 커다란 영
향을 미쳤다. 산수는 세상의 속된 가치에 몸을 더럽히지 않고 청정하게 살
면서 마음의 깊은 근원을 깨닫는 매개물이었다. 따라서 사찰의 정원은 또
하나의 산수로서 소박하고 자연스러운 미덕으로 선의 정신을 구현하였다.

이처럼 선종 사찰은 종교적 상징물들을 거부하지는 않지만 텅 빈 공간이
갖는 종교적 변형의 힘을 발견하고 그것을 수행의 매개로 삼아 다른 종교
적 공간과 구별되는 특별한 공간을 만들어 냈다.

수행의 공간,
승방

수행과 일상이 공존하는 공간

건축물은 나무나 돌, 시멘트, 유리 등으로 만들어진, 견고한 물성을 갖는 사물이다. 하지만 그것은 내부에 빈 공간을 가지고 있지 않으면 안 된다. 그러므로 텅 빈 공간에 하나의 건축물을 세우는 것은 무에서 유를 창조하는 과정이지만, 이를 통해 다시 무가 만들어지는 과정이기도 하다. 다시 말하면, 하나의 건축물은 원래 하나였던 공간을 구분하여 안과 밖이라는 두 개의 공간을 만들어 내어 그 속에서 이루어지는 인간의 활동뿐 아니라 인

▶ **순천 선암사 승방** — 전통 사찰의 건축적 가치는 단청의 화려함이나 처마의 곡선미보다는 그곳에서 생활하는 승가 공동체와 그들의 수행에서 찾을 수 있다. 건축의 아름다움은 외양보다 사람들의 관계를 조화롭게 하는 힘에 있기 때문이다.

김천 수도암 — 동아시아의 건축물은 자신의 물성을 과시하기보다 안과 밖을 소통시키기 위해 기꺼이 자신을 낮춘다. 건축물은 안과 밖을 엄격하게 구분하여 내부의 거주자를 보호하는 시설물이기보다 안과 밖을 다시 연결시켜서 인간과 인간, 인간과 자연의 새로운 관계를 만든다.

간과 인간의 관계까지 구조화한다.

서양의 건축물들은 그 견고한 물성으로 안과 밖을 엄격하게 구분하여 안전하고 항구적인 내부 공간을 만들거나, 아니면 압도적인 자신의 존재를 외부에 과시하는 데 관심을 둔다. 이처럼 견고한 요새와 같이 자연의 위협과 외부의 적으로부터 내부의 거주자를 보호하고 자신의 존재를 과시하는 건축물에서는 무엇보다 그 물성이 강조된다.

반면 동아시아의 건축물은 자신의 물성을 과시하기보다 안과 밖을 소통시키기 위해 기꺼이 자신을 낮춘다. 건축물은 안과 밖을 엄격하게 구분하여 내부의 거주자를 보호하는 시설물이기보다 안과 밖을 다시 연결시켜서 인간과 인간, 인간과 자연의 새로운 관계를 만든다. 사찰의 마당이나 누정은 안과 밖을 중첩시키고 소통시키는 대표적인 사례이다. 이처럼 동아시아의 건축물은 인간과 자연을 대립적인 존재가 아니라 상보적인 존재로 화해시킨다.

일반적으로 종교 건축의 형식은 종교적 의미를 드러내기 위해 상징성을 강조한다. 내부뿐 아니라 외형도 상징적인 의미를 보여 주는데, 기독교 교회 건축과 비잔틴 성당, 이슬람 모스크는 첨탑이나 돔과 같은 종교적 상징성을 갖는 구조물이 건축의 형식을 결정한다. 그리고 부가적으로 종교적 상징성이 넘치는 장식물들이 건물 외벽을 장식한다.

그러나 불교는 스님들의 수행과 일상생활을 위한 승원이 먼저 지어지고 나중에 예배용 건물인 탑과 금당이 건축되었기 때문에 불교만의 독특한 건축양식이 없었으며 다른 나라로 전파된 뒤에도 그 나라의 세속 건축양식을 받아들였다. 중국의 경우 후한 말 불교가 처음 전해질 때 서역에서 온 스님들이 묵었던 곳이 외국 사신을 접대하는 홍려시鴻臚寺였기 때문에 그 후 사찰을 지을 때 관청 양식으로 짓게 되었다. 관청을 의미하는 '시寺'가 사찰을 의미하는 '사寺'로 전용된 것도 바로 이 때문이다.

동아시아 사찰 건축은 일반 건축과 외형적으로 큰 차이가 없다. 천장과 처마에 집중되는 장식적인 요소들 역시 종교적 상징성을 지니지 않는 까닭에 외형적으로 일반 건축과 차이가 없으며 오히려 세속 건축물인 궁전 건축과 유사하다. 초기에 금당은 불상을 봉안하는 '붓다의 집'으로 조성되었기 때문에 각종 행사는 건물 외부에서 치러졌고 탑도 그 자체로 예배의 대상이었기 때문에 밀폐되어 있었다. 이런 특징을 이어받아 일본 사찰에서는 아직도 금당이 외부인에게 개방되지 않는다. 전각만큼 화려하지는 않지만 경전을 공부하는 강당과 스님들이 지내는 승방도 세속 건물과 차이가 없으며 개방적이었다.

동아시아의 사찰 건축물의 기능과 위계는 그 건물의 위치와 다른 건물과의 관계, 그리고 내부 공간의 구성에 따라 결정된다. 대개 진입부에는 문, 창고, 객사 같은 부속 건물이 위치하고 중간 구역에는 스님들이 생활하는 승방이 자리 잡는다. 최정상부는 법당과 기타 전각들이 있으며 사찰의 성격에 따라 선방이나 조사실, 산신각이 법당 뒤편에 위치하기도 한다.

사찰 공간의 분절과 연결은 단일한 건축물 내부의 분할이 아니라 ㄱ, ㄷ, ㅁ자 형태로 꺾이고 이어진 여러 건축물에 의해 형성된다. 사찰 진입부에서 법당이 위치한 정상부까지 이어지는 주축선은 공간적인 연속성과 상승감을 통하여 종교적인 깊이를 만들어 내며, 주축선 좌우로 확장된 영역은 기능적으로 분화되고 상대적으로 독립적이면서도 개방적인 공간을 만든다.

이런 구조에서 확인할 수 있듯이 한국의 전통 사찰 건축은 종교적 상징성보다는 인간과 자연, 인간과 인간의 관계를 어떻게 형성하느냐에 더 관심을 갖는다. 사찰 건축물은 법당이든 승방이든 부속 건물이든 큰 차이가 없으며 공동체 구성원뿐 아니라 외부 내방객들에게도 개방되어 있다. 깊은 산중에 위치하지만 전통 사찰은 외부에 대해 폐쇄적이지 않다. 예불 공간은 불교적 상징 질서에 따른 위계적 구조를 가지고 있지만 스님들의 생활 영역은 열린 구조로 되어 있다.

중정으로 연결된 공간은 일정 정도 외부인의 방해에서 벗어나 안정적으로 수행할 수 있도록 독립성을 유지하는 닫힌 공간이면서도 구성원 상호 간의 소통이 가능한 열린 공간이다. 또한 예불 공간이나 그 밖의 다른 영역과도 유기적으로 연결되어 있기 때문에 내방객의 출입도 허용된다. 신도가 시주물을 전달하거나 스님의 가르침을 듣기 위해 승방을 출입하는 것을 막지 않으며, 그 과정에서 자연스럽게 스님들의 생활과 수행을 엿볼 수 있다.

랑시에르^{Jacques Rancière}가 지적하듯 "혼자 있을 수 있도록 한 장소를 할애하는 것은 공간 및 존재 방식의 분배에 감성적인 단절을 만드는 것"이기 때문에 닫힌 공간은 고독한 가운데 내면을 바라보기 위해 필요하다. 그러나 동시에 공동체적 삶을 통한 탁마를 위해 열린 공간 또한 필요하다. 한국 사찰의 건축구조는 이러한 승가 구성원의 모순된 요청을 훌륭하게 해결하여, 각자 자신에게 집중하여 수행하는 것을 가능하게 하는 동시에 서로 존중하고 탁마하고 경책하는 관계를 맺게 한다.

이와 같은 승방 건축구조는 그 기초가 불교의 율장 정신에 있다. 『율장』에는 스님들이 승방 안에 있을 때 특별한 경우를 제외하면 문을 닫고 있으면 안 된다고 규정하고 있다. 탁발이 용이하도록 도심지에서 멀리 벗어나지 않은 곳에 승원이 세워졌기 때문에 신도들이 승원을 방문하는 일도 잦았다. 그들은 스님에게 드릴 공양을 가지고 오거나 여러 가지 시주물을 전달하기 위해, 때로는 단순한 궁금증에서 승원을 방문하여 스님들의 생활을 지켜보았을 것이다.

아마도 붓다는 출가자든 재가자든 사부대중이 자유롭고 격의 없이 소통하며 서로 지킴이가 될 때 승가의 청정이 유지되리라 판단하여 이 계율을

제정했던 것 같다. 흐르는 물이 썩지 않듯이 열린 승가만이 청정을 유지할 수 있기 때문에.

그뿐 아니라 사찰 건축물은 대중스님들 사이의 위계를 강요하기보다 친밀한 상호 관계를 형성할 수 있는 구조로 되어 있다. 기둥, 보, 도리로 이루어진 간間의 구조 덕분에 사찰 건축의 내부 공간은 다의적이며 변용의 폭이 매우 넓다. 간의 크기는 두 개의 기둥 사이의 간격에 따라 달라지며 건물의 크기도 간의 크기와 숫자에 따라 변한다.

간은 건물의 내부 공간을 단일한 단위로 구획한다. 따라서 내부 공간은 위계의 차이가 없는 단순하고 동질적인 공간성을 얻게 되는데, 내부 공간을 어떻게 구획하고 무엇을 배치하느냐에 따라 그 건물이 법당인지, 선방인지, 개인 방사인지 결정된다. 또한 하나의 건물을 다양한 용도로 사용하는 것도 가능하다. 불단을 설치하고 불상을 놓으면 불당이 되고, 바닥에 참선용 방석인 좌복을 깔면 선방이 되고, 발우를 펴고 공양을 하면 식당이 되고, 침구를 펼치면 침실이 된다. 최근 이처럼 작은 공간에서 다양한 기능을 수행할 수 있는 한옥의 장점이 합리적이고 친환경적인 건축으로 재평가되고 있다.

특히 대중스님들의 대방 또는 대중방의 가변성은 매우 크다. 대방은 내부 공간을 나누지 않고 그때그때 대중스님들이 모여 예불, 공양, 강학, 참선, 포살布薩, 자자自恣 등 다양한 용도로 사용한다. 인법당의 경우, 한 면에 불상을 놓거나 불화를 걸어두고 아침저녁으로 예불을 하고 의례를 집전하

▶ **봉정사** ─ 사찰 건축물은 대중스님들 사이의 위계를 강요하기보다 친밀한 상호 관계를 형성할 수 있는 구조로 되어 있다. 기둥, 보, 도리로 이루어진 간의 구조 덕분에 사찰 건축의 내부 공간은 다의적이며 변용의 폭이 매우 넓다.

기도 한다.

이처럼 다양한 활동이 이루어지기 위해 대방은 완전히 텅 비어야 한다. 좌복이나 이불 같은 물건들을 벽장에 넣고 발우는 시렁 위에 놓아둔다. 또 횃대에 가사와 장삼을 걸어 대방의 바닥면뿐 아니라 벽면이나 문에 아무 걸림이 없도록 한다. 이처럼 군더더기가 전혀 없는 단순한 공간은 선^禪의 단순성과 맞닿아 있다.

공간구성에 따라 달라지는 관계와 구조

대방은 생활과 수행이 둘이 아닌 하나로 이루어지는 장소이다. 모든 장식을 없앤 단순하고 절제된 공간은 조촐하고 소박한 선승들이 무소유를 실천하고, 대중과 탁마하고 경책하는 가운데 무아를 체험한다. 날마다 붓다와 함께 일어나고 붓다와 함께 잠드는 가운데 대방은 도를 판가름하는 판도방^{判道房}, 부처를 뽑는 선불장^{選佛場}이 된다.

최근 짓고 있는 도심 사찰에서는 대방보다 개인용 방사가 선호되고 있다. 대방이 사라지는 만큼 사부대중이 서로 탁마하고 경책하는 대중 정신도 사라지고 있다. 공간은 그 속에서 생활하는 사람의 성격뿐 아니라 다른 사람들과 맺는 관계에도 큰 영향력을 발휘한다. 한옥은 그 친환경성 때문에 인기가 높지만, 한옥에서 살려면 먼저 그 속에 사는 사람들의 관계가 변화하지 않으면 안 된다. 서로 다른 공간구성은 전혀 다른 인간관계와 사회구조를 만들기 때문이다.

서울에 살던 스님이 시골 절에 오게 되었을 때의 일이다. 외출을 하려다가 말고 불평을 터트렸다.

"이 미닫이문을 어떻게 잠가야 해요?"

시골 스님이 대답했다.

"뭔 보물이 있다고 잠그고 다녀요!"

얼마 후 시골 절에 살던 스님이 서울에 왔다. 습관대로 문을 열어 두고 외출했다.

서울 스님이 말했다.

"문 좀 잠그고 다녀요! 어제 옆집에 강도가 들었대요."

"……."

전통 한옥은 대문을 안에서 잠그게 되어 있기 때문에 외출할 때는 아무 소용이 없다. 그러고 보면 전통 한옥의 빗장은 안에 있는 사람을 보호하기 위한 장치이지 사람이 없는 빈집을 지키는 장치가 아니다. 옛날에는 집에 항상 사람이 있거나 집을 비워도 아무 문제가 없었기 때문에 외부에서 거는 잠금장치가 필요 없었다. 대문이 없어도 빗장이 없어도 아무 문제가 없던 곳, 바로 그런 곳이 우리 옛사람들이 살던 마을이다.

반대로 현대식 잠금장치는 안에서도 잠글 수 있고 밖에서도 잠글 수 있다. 그것은 한옥 빗장과 달리 빈집을 잠그는 장치이다. 빈집을 잠근다는 것은 사람이 아닌 뭔가 보호할 것이 있다는 이야기이다. 현대사회에서 집은 숙식을 해결하고 소유물을 보관하는 사적인 장소이기 때문에 빈집조차 외부의 침입자로부터 보호하지 않으면 안 된다. 불신이 만연한 현대사회에 필요한 집은 한옥이 아니라 안팎으로 단단하게 잠글 수 있는 요새 같은 집이다.

한옥에 살고 싶다면 현대식 잠금장치를 달거나 옛날처럼 마을사람들이 어울려 사는 사회로 되돌아가야 한다. 도둑이 없고 사람을 소중히 여기며 집이 재산 증식의 수단이거나 숙박을 위한 공간이 아니라 가족이 만나고 생산이 이루어지는 공간이 되어야 한다. 잠금장치 하나로도 그곳에 사는 사람들과 사회를 알 수 있다.

전통 사찰의 건축적 가치 또한 단청의 화려함이나 처마의 곡선미보다는 그곳에서 생활하는 승가 공동체와 그들의 수행에서 찾을 수 있다. 건축의 아름다움은 외양보다 사람들의 관계를 조화롭게 하는 힘에 있기 때문이다.

▶ **순천 선암사** — 전통 한옥의 빗장은 안에 있는 사람을 보호하기 위한 장치이지 사람이 없는 빈집을 지키는 장치가 아니다. 대문이 없어도 빗장이 없어도 아무 문제가 없던 곳, 바로 그런 곳이 우리에게 필요하다.

참고문헌

원전

懶翁惠勤. 『懶翁和尙歌頌』. 동국대학교 불전간행위원회 한국불교전서편찬위원회. 『韓
    國佛敎全書』. 제6권. 동국대학교 출판부. 1990.

元曉. 『無量壽經宗要』. 동국대학교 불전간행위원회 한국불교전서편찬위원회. 『韓國佛
    敎全書』. 제1권. 동국대학교 출판부. 1990.

『金剛般若波羅密經』. 『大正藏』. 8 No. 235

『大唐西域記』. 『大正藏』. 51. No. 2087

『大般涅槃經』. 『大正藏』. 12. No. 0374

『大方廣佛華嚴經』. 「入法界品」. 『大正藏』. 10. No. 0279

『大佛頂如來密因修證了義諸菩薩萬行首楞嚴經』. 『大正藏』. 19. No. 0945

『妙法蓮華經』. 『大正藏』. 9. No. 0262

『佛說觀無量壽佛經』. 『大正藏』. 12. No. 0365

『佛說豫修十王生七經』. 『卍續藏』. 1. No. 0021

『阿育王經』. 『大正藏』. 50. No. 2043

『地藏菩薩發心因緣十王經』. 『卍續藏』. 1. No. 0020

강세황. 「豹菴稿」. 한국고전번역원 편. 『韓國文集叢刊』. Vol. 80. 한국고전번역원. 2010.

김창협. 「三淵集」. 『韓國文集叢刊』. Vol. 165~167. 한국고전번역원. 2010.

蘇軾. 『蘇東坡全集』. 上・下. 世界書局. 1989.

王維 撰. 趙殿成 箋注. 『王右丞集』. 1-4권. 臺灣商務印書館. 1968.

于民. 孫通海 편저. 『中國古典美學擧要』. 安徽敎育出版社. 2000.

정엽. 「守夢集」. 『韓國文集叢刊』. Vol. 66. 한국고전번역원. 2010.

陳繼儒. 沈孚先 校. 『李古祿』. 文藝印書館. 1965.

단행본 및 논문

강대진. 「소포클레스 오이디푸스 왕에 나타난 인간 지식의 한계」. 부산외국어대학교 지
중해연구소. 『지중해지역연구』. 제7권 제2호. 2005.

강우방・김승희. 『감로탱』. 예경. 2010.

국립청주박물관. 『불교동자상』. 서울: 솔출판사. 2003.

김정희. 『조선시대 지장시왕도 연구』. 서울: 일지사. 1996.

김혁제 교열. 『小學』. 서울: 명문당. 1985.

김형효. 「전환기의 철학과 불교사상」. 불교학연구회. 『불교학연구』. Vol. 18. 2007.

난디께슈와라. 허동성 역. 『표현의 거울: 고대 인도의 신체연기법 난디께슈와라』. 블루
로우터스북스. 2008.

단테. 최현 역. 『신곡』. 범우사. 1994.

라이너 마리아 릴케. 안상원 역. 『릴케의 로댕』. 서울: 미술문화. 1998.

로베르트 발저. 홍길표 역. 『벤야멘타 하인학교: 야콥 폰 군텐 이야기』. 문학동네. 2009.

명법. 「야나기 무네요시의 민예론과 오리엔탈리즘」. 한국미학회. 『미학』. 제68집. 2011.

명법. 『선종과 송대사대부의 예술정신』. 서울: 씨・아이・알. 2009.

미학대계간행회 편. 『미학의 역사』. 서울대학교 출판부. 2007.

밀란 쿤데라. 김병욱 역. 『불멸』. 청년사. 1992.

밀란 쿤데라. 송동준 역. 『참을 수 없는 존재의 가벼움』. 민음사. 1990.

박성상. 「서산 마애삼존불상 연구」. 한국문화사학회. 『문화사학』. 24호. 2005.

비평이론학회. 『들뢰즈와 그 적들』. 우물이있는집. 2006.

샤를 보들레르. 박기현 역. 『(보들레르의) 현대 생활의 화가』. 인문서재. 2013.

서경수 역.『밀린다팡하』. 동국역경원. 2005.

蘇小妹. 法印 역.『觀音禮文』. 대구: 관음사. 1994.

쇼펜하우어. 곽복록 역.『意志와 表象으로서의 世界』. 을유문화사. 1983.

양효실.「보들레르의 모더니티에 대한 연구」.『미학』. 제34집. 2003.

엘리아데. 박규태 역.『상징 신성 예술』. 서광사. 1991.

오병남.『미학강의』. 서울대학교출판부. 2003.

이향순.「동승, 향수, 그리고 한국불교영화」. 동국대학교 불교문화연구소.『불교학보』.
　　No. 50. 2008.

자크 랑시에르.「감성적/미학적 전복」. 홍익대학교 강연문. 2008년 12월 3일

자크 랑시에르. 오윤성 역.『감성의 분할 : 미학과 정치』. 도서출판b. 2008.

장시기.『들뢰즈와 탈근대 문화연구』. 당대. 2008.

장 자크 루소. 박호성 역.『에밀』. 책세상. 2003.

정진홍.「제의와 몸짓」. 종교학연구회.『종교학 연구』. 제18권. 1999.

정진홍.『M. 엘리아데: 종교와 신화』. 살림. 2003.

조기제.「조선에서의 유교적 아동관과 아동도덕」. 한국초등도덕교육학회.『초등도덕교
　　육』. Vol. 35. 2011.

조수연.「서복사구장 고려 관경서분변상도」. 한국불교미술사학회.『강좌미술사』. 37호.
　　2011.

조지훈.『趙芝薰全集』. 1-2. 일지사. 1973.

질베르 뒤랑. 진형준 역.『상상계의 인류학적 구조들』. 문학동네. 2007.

천병희 역.『소포클레스 비극』. 단국대학교 출판부. 1998.

틱낫한. 진현종 역.『아! 붓다: 고통을 행복으로 전환하기』. 바디미디어. 2004.

폴 윌리엄스. 조환기 역.『(서양학자가 본) 대승불교』. 시공사. 2000.

필립 아리에스. 문지영 역.『아동의 탄생』. 새물결. 2003.

한용운. 이원섭 역.『조선불교 유신론』. 운주사. 1992.

慧洪覺範. 백련선서간행회 역.『林間錄』. 상. 하. 장경각. 1993.

Elsen.Albert E..*Rodin*,Museum of Modern Art.1963.

Schopen. Gregory. *Figments and Fragment of Mahāyana Buddhism in India: more collected papers*. University of Hawai'i Press, 2005.

Schopen. Gregory. *Bones, Stones, and Buddhist Monks: collected papers on the archaeology, epigraphy, and texts of monastic Buddhism in India*, University of Hawai'i Press, 1997.

영화

코엔 형제. 〈노인을 위한 나라는 없다〉. 2008.

이안. 〈라이프 오브 파이〉. 2012.

크리스토퍼 놀란. 〈배트맨 비긴즈〉(2005), 〈다크 나이트〉(2008), 〈다크 나이트 라이즈〉(2012).

빔 벤더스. 〈피나〉. 2011.

기타

佛光大藏經編修委員會, 『佛光大辭典』, (高雄: 佛光出版社, 1988).

http://www.bontemuseum.com/sub03/sub02_test2_view.php?b_no=12&page=2 (2014년 1월 29일 접속).

찾아보기

미술관에 간 붓다

초판 1쇄 발행 2014년 6월 25일
초판 5쇄 발행 2018년 4월 17일

지은이 | 명법
펴낸이 | 이수미
책임편집 | 김연희
북디자인 | 이석운
사진 | 홍상현

출력 | 국제피알
종이 | 세종페이퍼
인쇄 | 두성피엔엘
유통 | 신영북스

펴낸곳 | 나무를 심는 사람들
출판신고 | 2013년 1월 7일 제2013-000004호
주소 | 서울시 마포구 양화로 156 엘지팰리스 1509호
전화 | 02-3141-2233 팩스 | 02-3141-2257
이메일 | nasimsabooks@naver.com
트위터 | @nasimsabooks

ⓒ 명법 2014, 저작권자와 맺은 특약에 따라 검인을 생략합니다.
ISBN 979-11-950305-6-9 03100

책값은 뒤표지에 있습니다. 잘못된 책은 바꾸어 드립니다.